# たのしいあんこの本

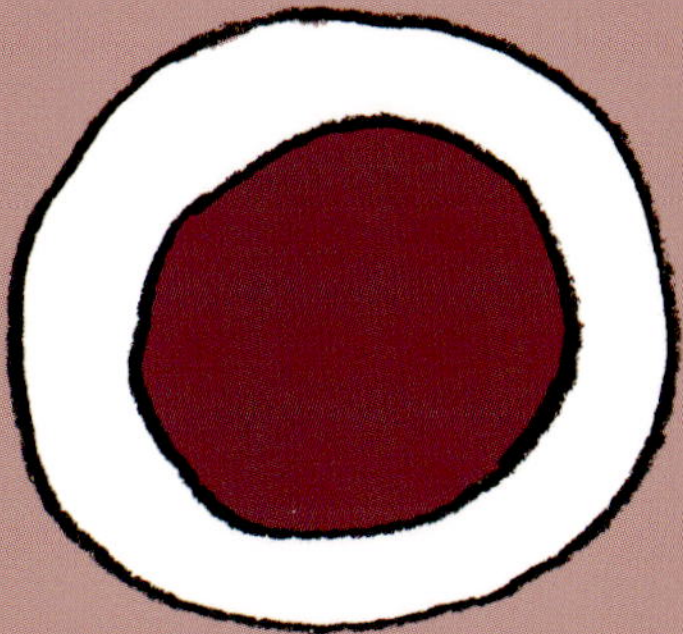
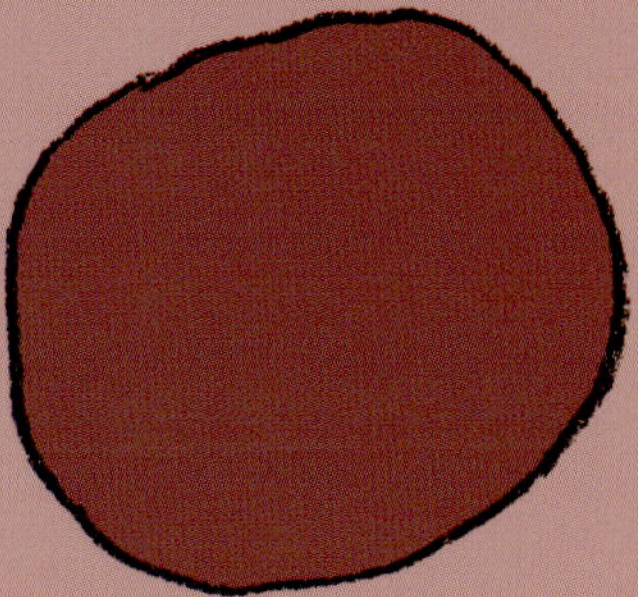
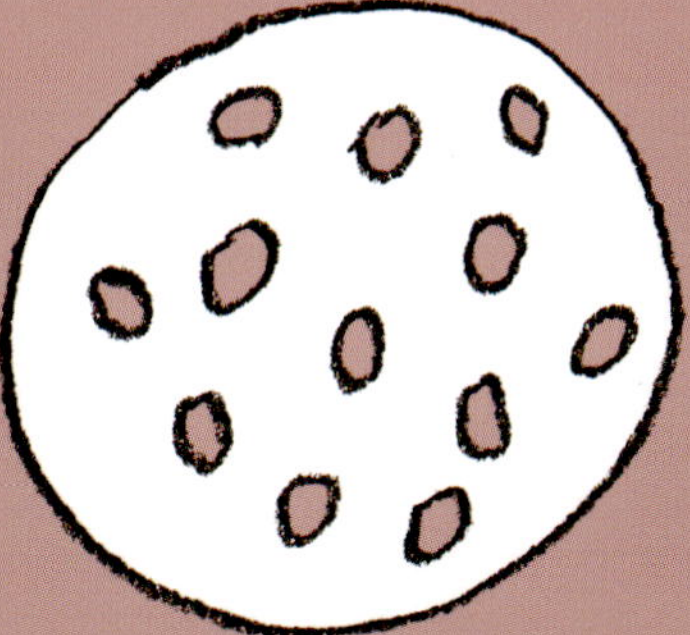
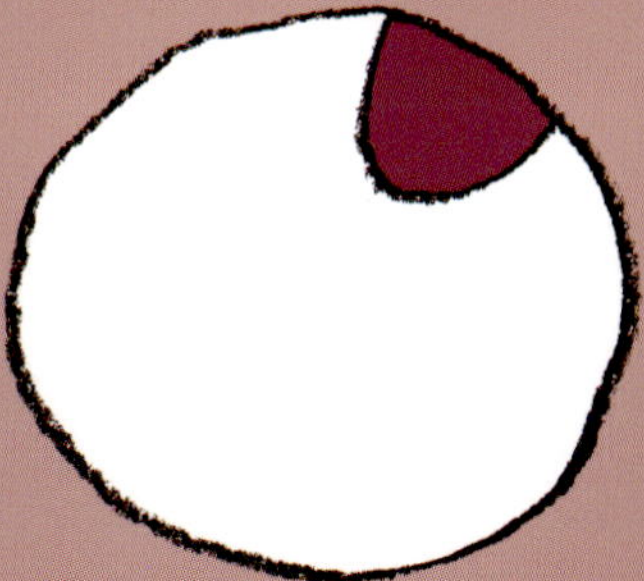
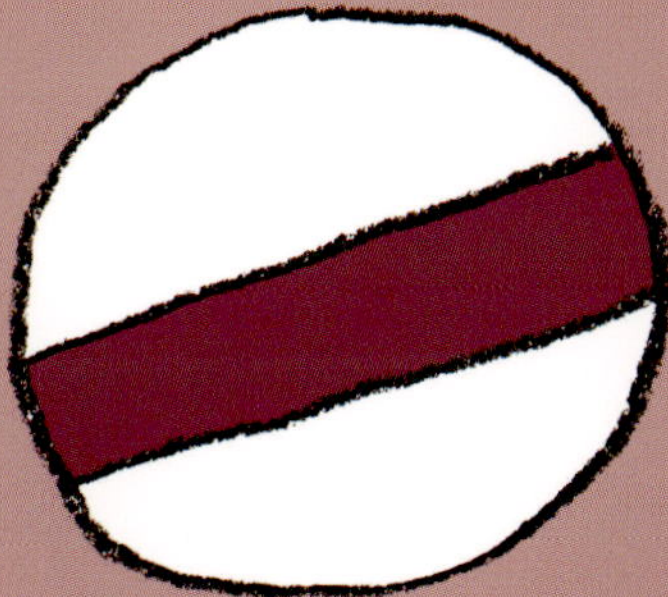

なかしましほ

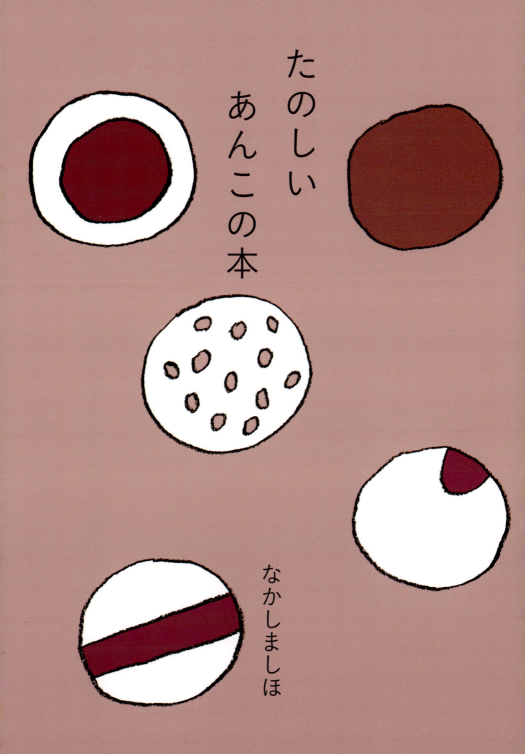

# はじめに

私が小さい頃、洋菓子は特別な日のおやつで、家にあるのは和菓子ばかり。
おまんじゅうやようかん、もなか…あんこ菓子は、いつも家にありました。
ピアノ教室の帰り道、がんばったごほうびに買ってもらったたい焼き。
冬の雪道を歩きながら飲んだ、しるこドリンク。
お湯で溶く、発泡スチロールのにおいが移ったおしるこ。
子どもの頃のおやつの記憶は、あんこの思い出がいっぱいです。

家族も（姉以外は）みな、あんこが大好きで、
お彼岸にはおはぎをお重にたっぷり作って、
ごはんのかわりに朝、昼、晩と家族みんなで食べます。
これが普通だと思っていたので、結婚したあと、夫に驚かれましたっけ。
ひょっとしたらうちは、よそよりあんこ度が高かったのかもしれません。

あんなに身近だったあんこですが、
上京してひとり暮らしをはじめたら、食べる機会が減りました。

和菓子屋へひとりで入るより、コンビニでシュークリームやプリンを買うほうが気楽でしたし、なにより洋菓子は魅力的でした。


そうしてあんこから少し離れていた時期もありましたが、また今、あんこに夢中です。

旅先で、家で、食べても心と体がざわざわしない、あんこのお菓子にひかれるのです。

お彼岸が近くなると、おはぎを作らなくちゃとそわそわします。

パンにどっさりのせるなら、やっぱり自分で炊いたあんこの甘さがいいなと思います。


あんこ作りと聞くと、大変そう、どうやって食べていいかわからないと思うみなさんに、もっと家で気軽にあんこを炊いてほしくて、この本を作りました。

あずきからどんどん色が抜けて、赤い色が出て、しわしわの皮がのびてふっくらして、最後はぴかぴかのあんこが炊き上がる。

この魔法のような楽しさを、ぜひみなさんにも感じてほしいです。

あんこが冷蔵庫に入っている、その様子を想像するだけで、私はしあわせです。

なかしましほ

この本の使い方

## ◎まずは、あずきを買ってみましょう

秋から冬になると、収穫されたばかりの新豆がスーパーに並びはじめます。ぷっくりとふくらんだあずきを見つけたら、今こそあんこの作りどき。1袋あれば、しばらく楽しめますよ。

## ◎はじめてのあんこ

あんこを炊くのって、なんだか大変そう…。いえいえ、やわらかくなるまで煮て、砂糖を加えればOK。始終つきっきりでいる必要もありません。夕ごはんを食べたあと、こたつでみかんを食べながら、休みの日の午後、本を読みながら、初めてのあんこ作りをはじめませんか？

## ◎あんこができたら

あんこが炊けたら、まずは熱々をそのままぱくり。どうですか？　思った以上に甘いかな？　でもひと晩たてば、水分も味もほどよくなじむんです。まずは、朝ごはんのトーストにたっぷりのっけて。まだまだあるから、お菓子も作ろうかな。あんこがあると、常備菜のように心強いんです。

## ◎水分量と甘さについて

この本で紹介するあんこは、主にかたあんこ（かため）、ゆるあんこ（やわらかめ）という2種類で構成されています。2種類も作るの？　ゆるあんこを煮詰めたり、かたあんこをゆるめるだけじゃだめなの？　なんて声が聞こえてきそうですが、これには理由があります。

焼き菓子にあんこを使う場合、水分が多いと生焼けになったり、食感がうまく出ないことも。そのために、かためのあんこが必要です。一方ゆるあんこは、そのままトッピングして使うので、水分も適度にあって甘みもしっかりつけます。かたあんこをただゆるめにすると、甘さが足りず、逆にゆるあんこを煮詰めると、甘すぎてしまうのです。

そんなわけで、2種類のあんこです。下煮までは一緒にして、半分に分け、砂糖の量を変えて作るのもおすすめです。

もくじ

## 1章 気軽にあんこ



## 2章 洋風あんこ



## 3章 定番あんこ

## 4章 季節あんこ



## コラム 基本のあんこの煮かた



**【この本での約束ごと】**


◉1カップは200㎖、1合は180㎖、大さじ1は15㎖、小さじ1は5㎖です。

◉卵はMサイズ（正味50g）のものを使用しています。

◉「ひとつまみ」とは、親指、人さし指、中指で軽くつまんだ量のことです。

◉オーブンは、あらかじめ設定温度に温めておきます。焼き時間は、熱源や機種などによって多少差があります。レシピの時間を目安に、様子を見ながら加減してください。

◉電子レンジの加熱時間は、600Wのものを基準にしています。500Wの場合は、1.2倍の時間を目安にしてください。機種によっては、多少差が出ることもあります。

8

# 1章 気軽にあんこ

まずは、あんこと仲よしになりましょう

あんこが炊けたら、まずは試してほしい、
気軽に作れるおやつたち。
パンにのせるだけ、アイスに添えるだけでも、
市販品にはないやわらかい味に
うれしくなります。
あんこをシンプルに味わうなら、
まずはここから試してみてくださいね。

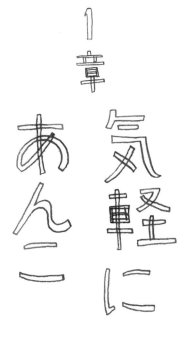

# ①あんバタトースト

あんこを炊いたら、翌朝はあんバタトーストを食べようと決めています。カリッと焼いた厚切りトーストに、たっぷりのあんこ、その上にひんやりバター。バターを溶かさずにいただきます。

◎材料(2人分)
食パン(4〜5枚切り)……2枚
かたあんこ……大さじ山盛り4
有塩バター……適量

**1** 食パンはナイフで十字に浅く切り目を入れ、しっかり焼き色がつくまでトーストする。食べる時にちぎり、あんこと冷え冷えのバターをひとかけのせる。バターが冷たいうちに口に運ぶとおいしい。

# ②あんサンド

ほんのり酸味がきいたヨーグルトクリームと、
あんこの組み合わせは、大人のおやつにもぴったり。
パンがやわらかいので、クリームもやわらかめに、がポイントです。

◎材料（4個分）
ロールパン……小4個
かたあんこ……大さじ6
【ヨーグルトクリーム】
（作りやすい分量）
生クリーム……100㎖
プレーンヨーグルト……40g
きび砂糖……25g

1 ロールパンはナイフでまん中に深めに切り目を入れる。ボウルにクリームの材料を入れ、底に氷水をあてながらゆるいツノが立つまで泡立てる。あんことともに大さじ1と½ずつサンドする。
＊ヨーグルトクリームの残りは、フルーツとあえるなどして食べて

# ③スティックパイとあんこ

オーブンでカリッと香ばしく焼いたパイ生地に、ディップみたいにあんこをつけて食べます。くるくるねじって焼くと、ふくらみすぎず、クリスピーな食感に。

◎材料（17㎝長さのもの14本分）
冷凍パイシート（20×20㎝のもの）……½枚
ゆるあんこ……適量

**1** パイシートは室温に5分おいてやわらかくし、縦長に置いてナイフで7㎜幅に切り、両端を持ってねじる。オーブンシートを敷いた天板に並べ、190℃に温めたオーブンで15分焼き、取り出して天板の上でしっかり冷ます。あんこを添え、つけて食べる。

## ④ あんシガレット

子どもの頃に好きだった、
タバコの形をした
シガレットチョコレート。
なんだか大人の真似を
しているみたいで、
よりおいしく感じました。
なるべく細く巻くのが、
カリッと仕上げるコツ。
少しごま油を加えるだけで、
ぐぐっと中華風のあんこに。

◎材料（15cm長さのもの6本分）
春巻きの皮……3枚
A［かたあんこ……大さじ6
　ごま油……小さじ½
揚げ油……適量

**1** 春巻きの皮は縦半分に切り、横長に置き、手前側を1cmあけて混ぜたAを大さじ1ずつのせ、空気が入らないようにぎゅっぎゅっと押しながら巻く。巻き終わりと両端に水をつけてとめ（両端は指でつぶす）、中温（170℃）の揚げ油できつね色に揚げる。

*または、フライパンに太白ごま油大さじ2を熱し、弱めの中火で転がしながら揚げ焼きにする。焦げやすいので注意して

# ⑤ おこのみもなか

京都で必ず立ち寄る製あん所では、もなかの皮も買うことができるので、家でセルフもなかを楽しんでいます。パリパリの皮のおいしさを知ると、市販のもなかではもの足りなくなります。

◎材料（7〜8個分）

市販のもなかの皮……小14〜16枚
あんこ（かたあんこ、こしあん、白あんなど）……各適量
ドライフルーツ（あんず、いちじくなど）、
市販の栗の渋皮煮（または甘露煮）……各適量

**1** ドライフルーツは食べやすく切り、小鍋にひたひたの水とともに入れ、弱火で水分がなくなるまで煮て冷まし、セミドライの状態にする。栗は食べやすく切る。もなかの皮に好みのあんこと具材をのせる。

# ⑥あんパフェ

抹茶は、製菓用ではないものを。
きなこは、深煎りのものを。
これだけで、ぐっと本格的な味わいに。
小さなグラスに入れると、
食事のデザートにぴったりです。

◎材料（2人分）
市販のバニラアイス……100g
きなこ……小さじ2
抹茶……小さじ½強
ゆるあんこ……大さじ4
市販の玄米フレーク……大さじ6
好みのクッキー……2枚

**1** バニラアイスは半量ずつに分け、それぞれきなこと抹茶を加えてゴムベラで混ぜ、冷凍室で冷やしておく。小さめのグラスに玄米フレーク、あんこ、どちらかのアイスの順に入れ、クッキーを添える。

# ⑦あんこシェイク

グラスの中で層を作ったら、最初から全部混ぜずに、ちょっと混ぜて食べたり、飲んだり。牛乳ではなくて、豆つながりの豆乳を使うのがポイントです。

◎材料（2人分）
こしあん……100g
市販のバニラアイス（脂肪分少なめのもの）……100g
豆乳（成分無調整のもの）……100ml

**1** 小さめのグラスにあんこ、アイス、豆乳の順に入れる。長めのスプーンでアイスをほぐしながら全体を混ぜ、アイスが完全に混ざりきらないくらいが飲みごろ。

# ⑧あずきアイス

甘酒の甘みとコクで、濃厚なアイスクリームのでき上がり。
小さな器でちびちび食べるのが、ちょうどよい感じです。
シンプルなクッキーでサンドするのもおすすめ。

◎材料（2〜3人分）
かたあんこ……150g
甘酒（2〜3倍濃縮タイプ）……50g
生クリーム……50mℓ
牛乳……50mℓ

1 ボウルに材料をすべて入れて泡立て器で混ぜ、ファスナー式の保存袋に入れて平らにし、冷凍室で2時間以上冷やし固める。食べる時にボウルに出して少し室温におき、スプーンやフードプロセッサーでなめらかに撹拌して器に盛る。溶けはじめくらいがおいしい。

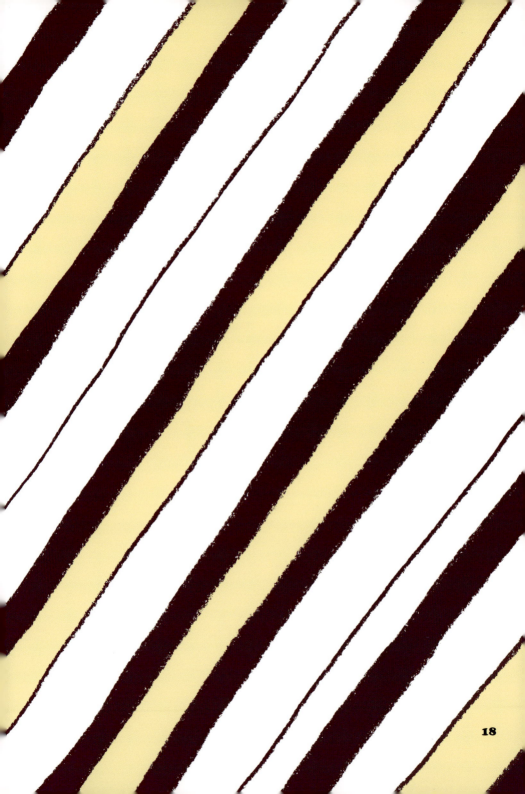

# 2章 洋風あんこ

いろいろ楽しめる、今どきのあんこたち

少し手を加えて、クッキーなどの焼き菓子や、
ちょっぴりアジア風にして楽しむあんこです。
あんこは乳製品やチョコレートなど
洋風の素材と相性がよいので、
しっとり焼き上げたいケーキに加えたり、
パイ生地でくるんだりと、
いろいろな使い道があります。
市販のあんこを使うと
甘さの調整に苦労することがあるのですが、
その点、手作りあんこを使えば安心です。

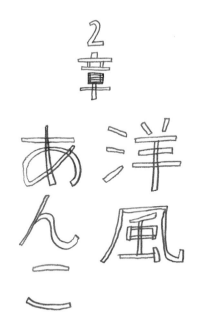

# 1 あんこクッキー

◎材料（直径2.5㎝のもの各30個分）

【黒クッキー】

A
- 薄力粉……80g
- ココア……15g
- ベーキングパウダー……小さじ1/3

かたあんこ……80g
バター（食塩不使用）……50g
きび砂糖……15g
卵……1/2個分

【白クッキー】

B
- 薄力粉……70g
- きなこ……20g
- ベーキングパウダー……小さじ1/3

白あん……80g
バター（食塩不使用）……50g
きび砂糖……10g
卵……1/2個分

◎下準備
・バターと卵は室温に戻す。
・天板にオーブンシートを敷く。

**1** 黒クッキーを作る。ボウルにバターを入れ、ゴムベラでクリーム状に練り、砂糖を加えてふんわりするまですり混ぜる。卵（2〜3回に分けて）、あんこの順に加え、そのつどよく混ぜる。

**2** **A**を合わせてふるい入れ、ゴムベラでさっくりと、粉っぽさがなくなるまで混ぜる。ラップで包んで平らにし、冷蔵室で1時間休ませる。

**3** オーブンを170℃に温める。生地をカードで30等分し、手で丸めてまん中を少しへこませる。天板に間隔をあけて並べ、170℃のオーブンで15分焼く。白クッキーも同様に作る（**A**のかわりに**B**を加える）。

生地を30等分にカットし、手で丸め、指先でまん中を少しへこませることで、火の通りをよくする。

はみだしあんこ話 1

## 姉とあんこ

わが家はお彼岸になると、おはぎの三段重が食卓に置かれ、朝、昼、晩とごはんがわりに食べていました。これが普通と思っていましたが、実家に来た夫には驚かれましたっけ。姉はあんこがあまり好きではなかったようで、たい焼きの皮だけ、今川焼きの皮だけ食べる、皮だけ星人でした。今はきっぱりと「あんこは苦手」と食べません。姉の分も、私が食べています。

たくさんのあんこ菓子を
作ってみて気がついたのは、
「あんこは水分がないとおいしくない」
ということ。水分を飛ばしてしまうと、
せっかくの豆の風味も消えてしまい、
あんこのよさがなくなるのです。
だからクッキーも、カリッではなく、
しっとりソフトな食感に。
ココアときなこで風味をつけました。

# 2 オールあんこ

◎材料（15×15cmの角型1台分）

A
- 薄力粉……100g
- アーモンドパウダー……20g
- シナモン……小さじ1
- ベーキングパウダー……小さじ1/4

きび砂糖……20g

卵……1個

太白ごま油……大さじ2（25g）

- かたあんこ……200g
- はちみつ……大さじ1/2

◎下準備

・あんことはちみつは混ぜておく。

・型に合わせてオーブンシートを切る。

・オーブンを170℃に温める。

**1** ボウルに溶いた卵約2/3個分（30g）、砂糖、油を入れ、泡立て器でなじむまで混ぜる。**A**を合わせてふるい入れ、ゴムベラでさっくりと、粉っぽさがなくなるまで混ぜる。

**2** **1**の半量をオーブンシートにのせ、めん棒で型の底に合わせてのばし、シートごと型に入れ、あんこを底全体に指でのばす。残りの生地はラップにのせて15cm角にのばし、あんこの上にのせて指で押して密着させ、表面に残りの溶き卵を適量塗る。

**3** 170℃のオーブンでこんがり焼き色がつくまで30～35分焼く。型に入れたまま冷まし、ナイフで食べやすくカットする。

型に合わせて切ったオーブンシートに生地の半量をのせ、めん棒で底の大きさに合わせてのばす。厚さは3mmくらい。

生地をシートごと型に入れたら、あんこを全体にのばす。四隅までしっかりと。あんこにはちみつを混ぜるのは、乾燥を防ぐため。

残りの生地をのばしたら、ラップごとひっくり返してあんこにのせ、指で押して密着させる。間に空気が入らないようにするのがコツ。

クッキー生地でたっぷりのあんこを
サンドしたら、小さい頃に茶の間にあった
駄菓子のような、なんだか懐かしく、
素朴な味わいになりました。
食べやすくカットして、
ぱくりと手づかみでどうぞ。
冷めたては表面がカリッと、
時間がたつとしっとりなじんで、
それぞれおいしい。
シナモンはぜひ入れてください。

# 3 パイまんじゅう

◎材料（5㎝角のもの4個分）

【パイ生地】

薄力粉……80g

バター（食塩不使用）……50g

牛乳……20㎖

塩……少々

かたあんこ……大さじ4（80g）

市販の栗の渋皮煮（または甘露煮）……4個

溶き卵……適量

◎下準備

・栗は1個ずつあんこ大さじ1で包む。

・天板にオーブンシートを敷く。

**1** パイ生地を作る。ボウルにバター、牛乳、塩を入れ、湯せん（底に熱湯をあてる）にかけて溶かし、泡立て器でなじむまで混ぜる。

**2** 薄力粉をふるい入れ、ゴムベラでさっくりと、粉っぽさがなくなるまで混ぜる。ラップで包んで平らにし、冷蔵室で30分休ませる。

**3** 生地を4等分にカットし、ラップにのせてめん棒で2㎜厚さに四角くのばし、あんこ＋栗をのせて包み、合わせ目をくっつける。ラップをふんわりかけ、冷蔵室で30分休ませる。

**4** オーブンを190℃に温める。**3**を天板に並べ、表面に溶き卵を塗り、190℃のオーブンでこんがり焼き色がつくまで20分焼く。

生地を4等分し、めん棒で2㎜厚さ（7×7㎝）に四角くのばす。4辺の端をナイフで切り落とすと、きれいに仕上がる。

栗を包んだあんこをまん中にのせ、生地で包む。合わせ目は、指で押さえてしっかりくっつける。栗なしで作ってもおいしい。

はみだしあんこ話 2

### 母とあんこ

私はずっと、あんこというものは「こしてあるもの」だと思っていました。というのは、母はつぶあんが苦手で（母いわく、皮が口に残る感じがいやらしく）、家で作るあんこは、全部こしあんだったから。その反動か、大人になってつぶあんの存在を知った時、食べごたえのあるつぶつぶに魅了され、しばらくつぶあんばかりを食べていた時期がありました。

洋風なあんこ菓子として、
まっ先に頭に浮かぶのがこれ。
今では全国の和菓子・洋菓子店で
見かけるようになりましたが、
子どもの頃に初めて食べた時は、
なんてしゃれたお菓子なんだ！
と思った記憶があります。
焼きたてのさくさくをほおばって。

# 4 あんスコーン

◎材料（直径5㎝の丸型5個分）
A［薄力粉……120g
　［ベーキングパウダー……小さじ1強
バター（食塩不使用）……40g
かたあんこ……200g
【クリーム】
　生クリーム……100㎖
　きび砂糖……大さじ1

◎下準備
・バターは1㎝角に切り、冷蔵室で冷やしておく。
・天板にオーブンシートを敷く。

**1** ボウルにAを入れ、手でぐるぐるっと混ぜ、まん中にバターを加え、フォークで細かく切り混ぜる。バターのかたまりがなくなり、さらさらになればOK。

**2** あんこを加え、ゴムベラであんこの水分を粉に少しずつなじませるように混ぜる。耳たぶくらいのかたさになったら、ひとまとめにしてラップで包み、冷蔵室で1時間休ませる。
＊まとまりにくいようなら、牛乳大さじ1～2を少しずつ加えて

**3** オーブンを170℃に温める。生地をめん棒で2.5㎝厚さにのばし、型で抜いて天板に並べ、170℃のオーブンで25分焼く。こんがり焼き色がついて、押してみて少し弾力があれば焼き上がり。砂糖を加えてゆるめに泡立てた生クリームを添える。
＊あんこの水分で火が通りにくいので、じっくり長めに焼くのがコツ

粉類にバターを加えたら、フォーク（またはカード）で粉になじませるように細かく切り混ぜる。フードプロセッサーを使ってもいい。

あんこをゴムベラで押しつけ、粉に水分をなじませるように混ぜる。耳たぶくらいのかたさが目安。フードプロセッサーを使っても。

ほんのり素材が感じられるより、
ストレートに味わいが伝わるお菓子が好きです。
だから、あんこのお菓子も、ちゃんとあんこが
感じられるかが、自分にとってのポイント。
火が通るぎりぎりまであんこを加えたので、
表面はカリッ、中はあんこでしっとりと。
ふんわり泡立てたクリームがよく合います。

# 5 あんことあんずのマフィン

◎材料（直径7cmのマフィン型5個分）
A［薄力粉……130g
　［ベーキングパウダー……小さじ½
生クリーム……80g
きび砂糖……30g
卵……1個
豆乳（成分無調整のもの）……大さじ2
かたあんこ……150g
ドライあんず……4個＊
＊酸味のあるタイプがおすすめ

◎下準備
・あんずは4等分に切る。
・型に紙カップを敷く。
・オーブンを170℃に温める。

**1** ボウルに生クリームと砂糖を入れ、ピンとツノが立つまで泡立てる。卵を加え、なじむまでさっと混ぜる。

**2** Aを合わせてふるい入れ、ゴムベラでさっくりと混ぜ、粉っぽさがやや残るくらいで豆乳を加え、さっくりと混ぜる。あんことあんずを加え、大きく2〜3回混ぜる。
＊あんこが混ざりすぎないように、かたまりを残すのがポイント

**3** 型に入れ、170℃のオーブンで22分焼く。まん中に竹串を刺して、ベタベタした生地がつかなければ焼き上がり。型から出して冷ます。

生クリームと砂糖は、ピンとツノが立つまでしっかりと泡立てる。これで、ふんわりとした食感に。

あんことあんずを加えたら、ゴムベラで大きく数回混ぜる。かたまりが残るくらいのほうがおいしい。

はみだしあんこ話 3

## 大人とこしあん

こしあん、つぶあん、ひと通り経験したあと、私に再びこしあん時代がやってきました。今度は誰かが仕組んだ（？）ものでなく、自分で選んだあんこです。甘すぎるあんこが苦手な私にとって、こしあんは上品で大人な魅力があります。ただ、私よりさらに上をいくあんこの先輩には、再びつぶあん時代がくることを予言されるのでした（そしてその通りでした）。

あんこに合わせるくだものとして、
私がまっ先に思いつくのが、あんず。
やさしい甘さのあんこには、
甘酸っぱくジューシーなあんずが、
ぴったりのアクセントになります。
生クリームで作る軽い生地は、
冷めてもかたくなりにくいので、
プレゼントにもおすすめです。

# 6 あずきビスコッティ

◎材料（10cm長さのもの約30枚分）
薄力粉……100g
きび砂糖……30g
卵……1個
太白ごま油……大さじ1（12g）
ぬれ甘納豆（作り方は58ページ）……100g
くるみ（ローストしたもの）……80g

◎下準備
・くるみは粗く刻む。
・天板に合わせてオーブンシートを切る。
・オーブンを180℃に温める。

**1** ボウルに卵と砂糖を入れ、湯せん（底に沸騰しない程度の湯をあてる）にかけてハンドミキサーの高速で泡立てる。人肌（指を入れてぬるいくらい）に温まったら湯せんからはずし、もったりするまで泡立て、油を加えてさっと混ぜる。

**2** 薄力粉をふるい入れ、ゴムベラでさっくりと混ぜ、粉っぽさがやや残るくらいで甘納豆とくるみを加え、粉が見えなくなるまで混ぜる。

**3** オーブンシートにのせ、手に水をつけて10×20cmのなまこ形にまとめ、180℃のオーブンで20分焼く。

**4** 粗熱がとれたらナイフで7mm厚さに切り、断面を上にして天板に並べ、150℃に温めたオーブンで20分焼く。取り出して天板の上で冷ます。

卵と砂糖は湯せんにかけ、ハンドミキサーの高速でもったりするまで泡立てる。すくった時に泡が積み重なって、すぐに消えるくらい。

生地をオーブンシートにのせ、水少々をつけた手で10×20cmのなまこ形にまとめる。2cm厚さくらいになるのが目安。

180℃のオーブンで20分ほど焼き、粗熱がとれたら7mm厚さに切る。なるべく薄く、均等にスライスすると、カリッと仕上がる。

かなり薄めにスライスすることで、
あずきがカリッとナッツのような食感に。
焼きたての熱々でも、完全に冷めてしまっても
くずれやすいので、熱が少しだけとれた時に
スライスするのがポイント。
くるみの香ばしさと相まって、
ぽりぽりと手が止まらなくなるおやつです。

# 7 あんこのクイックブレッド

ヨーグルトとベーキングパウダーでふくらませる、クイックブレッド。
思い立ったらすぐに作れるので、朝ごはんにもぴったりです。
小さく焼いて、皮の香ばしさを楽しんで。
焼きたてが少し落ち着いてから、バターをひとかけのせて食べるのが好きです。

↓作り方は36ページ

# 8 あんことゆずジャムのブラウニー

バターを使わないブラウニーですが、
あんこを加えることで、
どっしり、満足感のあるおやつに。
チョコレートと柑橘はよく合うので、
和つながりでゆずジャムを加えました。
もちろん、ママレードでもOK。
皮が多めのタイプを使うのがおすすめです。

↓作り方は37ページ

# 9 あんこと豆腐のスフレチーズケーキ

ほんのり豆腐の風味が感じられる、軽い口溶けのチーズケーキです。ポイントは、あんこをランダムにちぎって加えること。時々顔を出すあんこの表情が、なんともかわいいんです。

↓作り方は38ページ

# 10 米粉のシフォンサンド あんこ+クリーム

クリームと季節のジャムをはさんだシフォンサンドは、私のお店の看板メニュー。お店では薄力粉ですが、こちらは米粉を使って、さらにふんわりと焼き上げました。米粉は、粒子の細かい製菓用で作ってみてくださいね。

↓作り方は39ページ

# 7 あんこのクイックブレッド

◎材料（直径6cmのもの4個分）

A
- 強力粉……120g
- ベーキングパウダー……小さじ1
- シナモン……小さじ1/4
- 塩……ひとつまみ

B
- プレーンヨーグルト……60g
- かたあんこ……60g
- 太白ごま油……10g
- きび砂糖……10g

くるみ（ローストしたもの）……15g

◎下準備
- ・くるみは粗く刻む。
- ・天板にオーブンシートを敷く。
- ・オーブンを200℃に温める。

**1** ボウルにBを入れて泡立て器でぐるぐるっと混ぜ、Aを合わせてふるい入れ、ゴムベラでざっくりと混ぜる。

**2** ほろほろしてきたらくるみを加え、粉っぽさがなくなるまで手でこね、ひとまとめにする。

**3** 生地を4等分して丸め、天板に並べ、強力粉（分量外）をふってナイフで1/3の深さまで1本切り目を入れる。200℃のオーブンでこんがり焼き色がつくまで18〜20分焼く。

＊熱々が少し落ち着いたくらいが食べごろ。冷めるとかたくなるので、オーブントースターで温め直して

はみだしあんこ話 4

## おじいちゃんとあんこ

母方の祖父はしゃれた人で（95歳を過ぎて今も元気です！）、さまざまな山野草を育てたり、美術品を集めたり。おいしいものも大好きで、時々京都の知人から老舗のあんこ菓子が届きます。きれいな包みは、まるで宝物のよう。そんな時は、とっておきのお茶をおじいちゃんが淹れてくれます。あのあんこ体験は、少なからず私のあんこ好きに影響していると思います。

ヨーグルト、あんこ、油などに粉類をふるい入れてゴムベラで混ぜ、くるみを加えたら、粉っぽさがなくなるまで手でこねる。

生地を4等分して直径5cmくらいに丸めたら、ナイフで1/3の深さまで1本切り目を入れ、火の通りをよくしてから焼く。

# 8 あんことゆずジャムのブラウニー

◎材料（15×15㎝の角型1台分）

A［板チョコ（ブラック）……80g
　 太白ごま油……40g

かたあんこ……100g

ゆずジャム……50g

B［薄力粉……40g
　 ココア……大さじ1
　 ベーキングパウダー……小さじ1/4

きび砂糖……10g

卵……1個

牛乳（または成分無調整豆乳）……20㎖

くるみ（ローストしたもの）……40g

◎下準備

・板チョコは粗く割り、油とともにボウルに入れて湯せん（底に熱湯をあてる）にかけて溶かし、湯にあてておく。

・くるみは粗く刻む。

・型にオーブンシートを敷く。

・オーブンを170℃に温める。

**1** ボウルに卵と砂糖を入れ、泡立て器でなじむまで混ぜ、ゆずジャム、あんこ、牛乳の順に加え、そのつどよく混ぜる。**A**を加え、さっと混ぜる。

**2** **B**を合わせてふるい入れ、ゴムベラで底からすくい上げるように混ぜ、粉っぽさがやや残るくらいでくるみを加え、さっと混ぜる。

**3** 型に流して平らにならし、170℃のオーブンで20分焼く。まん中に竹串を刺して、どろっとした生地がつかなければ焼き上がり。型に入れたまま冷ます。

＊焼きすぎると、しっとり感がなくなるので気をつけて

生地に溶かしたチョコを加え、粉類をふるい入れたら、くるみを加えてゴムベラで粉っぽさがなくなるまでさっと混ぜる。

甘さはゆずジャムによって違ってくるので、甘すぎるようなら砂糖の量を減らして。「ゆずマーマレード」（富）➡入手先は112ページ

9 あんこと豆腐のスフレチーズケーキ

◎材料（直径15cmの底がとれる丸型1台分）
クリームチーズ……100g
絹ごし豆腐……½丁（150g）
きび砂糖……70g
卵……2個
生クリーム……100mℓ
コーンスターチ……大さじ3
レモン汁……小さじ2
かたあんこ……150g

◎下準備
・豆腐はキッチンペーパーで全体を包んで皿などの重しをのせ、2時間以上水きりして100gにし、ざるでこす。
・クリームチーズは電子レンジで40〜50秒加熱し、やわらかくする。
・卵は卵黄と卵白に分ける。
・型にオーブンシートを敷き、型の外側をアルミホイルで覆う。
・オーブンを160℃に温める。

**1**
ボウルにクリームチーズを入れ、ゴムベラでなめらかに練り、泡立て器でふんわりするまですり混ぜる。

**2**
砂糖の⅓量、豆腐を加えて泡立て器ですり混ぜ、コーンスターチ（ふるい入れて）、卵黄、生クリーム、レモン汁の順に加えてそのつど混ぜ、ざるでこす。

**3**
別のボウルに卵白を入れ、ハンドミキサーの高速で泡立て、もこもこしてきたら残りの砂糖を2回に分けて加え、キメが細かく、やわらかなツノが立つまで泡立てる。

**4**
**2**のボウルにメレンゲをひとすくい加え、泡立て器でしっかり混ぜたら、今度はそれをメレンゲに戻し入れ、ゴムベラで底からすくい上げるようにムラなく混ぜる。

**5**
型に流し、あんこをひと口大にちぎり入れ、台に打ちつけて沈ませる。天板にのせて湯を1〜2cmはり、160℃のオーブンで50分焼く。型に入れたまま冷まし、粗熱がとれたら冷蔵室で半日〜ひと晩冷やす。

卵白はハンドミキサーで泡立て、ピンとツノが立つ手前、キメが細かくなってやわらかなツノが立つまで泡立てる。

チーズ生地ができたら、あんこをひと口大にちぎって全体に落とす。

型を台にトントンと打ちつけ、あんこを少し沈ませてからオーブンで焼く。

# 10 米粉のシフォンサンド あんこ+クリーム

◎材料（直径17cmのシフォン型1台分）
米粉（製菓用のもの）……70g
きび砂糖……70g
卵……4個
豆乳（成分無調整のもの）……40mℓ
太白ごま油……大さじ2（25g）
バニラビーンズ……1/4本
【クリーム】
　生クリーム……150mℓ
　きび砂糖……大さじ1と1/2
ゆるあんこ……適量

◎下準備
・バニラビーンズは縦半分に切り、中の種をナイフでしごき出す。
・卵は卵黄と卵白に分ける。
・オーブンを170℃に温める。

**1** ボウルに卵黄、砂糖の1/3量、バニラビーンズを入れて泡立て器でほぐし、油、豆乳の順に加えてそのつどなじむまで混ぜる。米粉をふるい入れ、粉っぽさがなくなるまで混ぜる。

**2** 別のボウルに卵白を入れ、底に氷水をあてながらハンドミキサーの高速で泡立て、もこもこしてきたら残りの砂糖を2回に分けて加え、ピンとツノが立つまで泡立てる。

**3** **1**のボウルにメレンゲをひとすくい加え、泡立て器でしっかり混ぜたら、今度はそれをメレンゲに戻し入れ、ゴムベラで底からすくい上げるようにムラなく手早く混ぜる。

**4** 型に流し、170℃のオーブンで30分焼き、すぐに型ごとびんなどに逆さにかぶせて冷ます。粗熱がとれたら冷蔵室で1時間冷やす（型からはずしやすくなる）。

**5** ボウルにクリームの材料を入れ、底に氷水をあてながらゆるいツノが立つまで泡立てる。**4**を型から出して8等分に切り、まん中に深めに切り目を入れ、生クリームとあんこを大さじ2ずつはさむ。

型から出す時は、型の側面➡筒の側面➡底の順にナイフを添わせるように入れ、生地をはがす。

卵白はハンドミキサーの高速で泡立て、ピンとツノが立つまでしっかり泡立てる。氷水にあてるのは、キメを細かくするため。

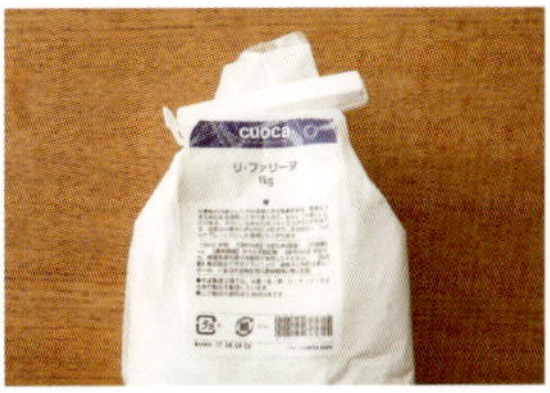



米粉は、製菓用の「リ・ファリーヌ」を使用。焼き菓子がふんわり、軽く仕上がる。（富）➡入手先は112ページ

# 11 シベリア

◎材料（15×15㎝の角型1台分）
薄力粉……90g
きび砂糖……80g
卵……3個
A［バター（食塩不使用）……20g
　はちみつ……10g
　牛乳……大さじ1

【ようかん】
こしあん……300g
B［きび砂糖……20g
　粉寒天……小さじ1
　水……200㎖

◎下準備
・Aは合わせて湯せんにかけ、溶かしておく。
・型にオーブンシートを敷く。
・オーブンを170℃に温める。

**1** ボウルに卵と砂糖を入れ、湯せん（底に沸騰しない程度の湯をあてる）にかけてハンドミキサーの高速で泡立てる。人肌に温まったら湯せんからはずし、もったりするまで泡立て（30ページ参照）、最後は低速にしてキメを整える。

**2** 薄力粉をふるい入れ、ゴムベラで底からすくい上げるように混ぜ、Aを混ぜてから加え、同様になじむまでさっと混ぜる。

**3** 型に流し、170℃のオーブンで25分焼き、型から出して大きめのビニール袋にふんわり入れて冷ます。厚みを半分に切り、下1枚はオーブンシートを敷いた型に戻す。

**4** ようかんを作る。小鍋にBを入れて混ぜ、中火にかけて耐熱のヘラで絶えず混ぜながら加熱し、沸騰したら火を止める。あんこを混ぜ、弱火にかけてしっかり沸騰させる。

**5** 4の底に冷水をあててゴムベラで底から混ぜ、粗熱がとれたら型に流し、もう1枚のスポンジをのせてサンドする。涼しい場所に1時間おいて固め、型から出し、温めたナイフで端を落とし、縦横それぞれ半分→斜め半分にカットする。

溶かしたバター、はちみつ、牛乳をよく混ぜてから生地に加えたら、ゴムベラで底からすくい上げるように、手早く混ぜる。

スポンジの厚みを半分に切り、型に下半分➡ようかん液➡上半分の順にのせてサンドする。

＊寒天は、沸騰させないと固まらないので注意

昔ながらのパン屋さん、
洋菓子屋さんで見かけるシベリアは、
カステラにようかんをサンドしたもの。
私にはちょっぴり甘すぎるので、
バターが香るスポンジはたっぷり、
ようかんを薄めにはさみました。
少し冷やして食べるのもおすすめです。

# 12 きなこのロールケーキ　つぶあんクリーム

◎材料（28×28cmの天板1枚分）
A［薄力粉……50g
　 きなこ……20g
きび砂糖……70g
卵……4個
豆乳（成分無調整のもの）……50ml
太白ごま油……大さじ2（25g）
【あんこクリーム】
かたあんこ……150g
生クリーム……150ml

◎下準備
・卵は卵黄と卵白に分ける。
・天板にオーブンシートを敷く。
・オーブンを200℃に温める。

**1** ボウルに卵黄、砂糖の1/3量を入れて泡立て器でほぐし、油、豆乳の順に加えてそのつどなじむまで混ぜる。

**2** 別のボウルに卵白を入れ、底に氷水をあてながらハンドミキサーの高速で泡立て、もこもこしてきたら残りの砂糖を2回に分けて加え、ピンとツノが立つまで泡立てる。

**3** メレンゲのボウルに**1**を少しずつ加え、泡立て器でなじませ、**A**を合わせてふるい入れ、ぐるぐるっと混ぜる。ゴムベラで底からすくい上げるように混ぜ、キメを整える。

**4** 天板に流して平らにならし、台に軽く打ちつけて中の気泡を抜き、200℃のオーブンで12分焼く。紙つきのまま冷まし、粗熱がとれたらラップをふんわりかけて冷ます。

**5** あんこクリームを作る。ボウルに生クリームを入れ、底に氷水をあてながらゆるいツノが立つまで泡立て、あんこを加えてさっと混ぜる。**4**の紙をはがし、焼き色がついた面を上にしてラップにのせ、クリームを全体に広げて手前から巻き、ラップで全体を包んで冷蔵室で30分以上冷やす。

粉類をふるい入れ、泡立て器で混ぜて粉っぽさがほぼなくなったら、ゴムベラで底からすくい上げるように混ぜてキメを整える。

スポンジが冷めたら、クリームを向こう側を4cm残してゴムベラで全体に塗る。

生地を手前から持ち上げ、一気に巻く。やわらかく厚みのある生地なので、初めての人も巻きやすい。

生地に香ばしいきなこをたっぷり加え、
しゅわっと口溶けよく焼き上げます。
きなこ、豆乳、あんこと、
豆まめづくしのロールケーキです。
深煎りのきなこを使うと、
より風味が立っておいしいので、
見つけたらぜひ使ってみてくださいね。

# 13 白あんとしょうがのフィナンシェ

◎材料（8×4cmのフィナンシェ型6個分）
A［アーモンドパウダー……40g
　薄力粉……30g
　ベーキングパウダー……小さじ1/3
B［白あん……50g
　きび砂糖……20g
　太白ごま油……20g
卵白……2個分
【しょうがの甘煮】
しょうが……2かけ（正味30g）
きび砂糖……20g
はちみつ……10g
水……200ml

◎下準備
・オーブンを180℃に温める。

**1** しょうがの甘煮を作る。しょうがはみじん切りにし、その他の材料とともに小鍋に入れ、時々混ぜながら中火にかけ、沸騰したら弱火で10〜15分煮て冷ます。

**2** ボウルに**B**、**1**を入れ、ゴムベラでなめらかになるまでしっかり混ぜ、卵白を加え、ヘラで底にこすりつけるようにしてなじむまで混ぜる。**A**を合わせてふるい入れ、粉っぽさがなくなるまでさっくりと混ぜる。

**3** 型の8分目まで流し、180℃のオーブンでこんがり焼き色がつくまで18分焼く。型から出して冷ます。
＊15×15cmの角型なら1台分。焼き時間は、180℃で18〜20分。冷めたら食べやすくカットする

しょうがの甘煮は、みじん切りにしたしょうが、砂糖、はちみつ、水を弱火で10〜15分煮、水分がほぼなくなればでき上がり。

卵白を加えたら、ゴムベラでボウルの底にこすりつけるようにして混ぜる。泡立てると食感が悪くなるので、ヘラを使うのがコツ。

はみだしあんこ話 5

## おばあちゃんとあんこ

母方の祖母は、畑仕事が大好きでした（100歳近いですが元気です！）。お彼岸や田植えの時期になると、おばあちゃんのあんこ仕事がはじまります。もち粉によもぎを加えて蒸し上げる、笹だんご。大きな大きなおはぎ（これがスタンダードだと思っていた私は、上京してカルチャーショックを受けるのです）。いつもそばに座って、味見をさせてもらいました。

本来はたっぷりの焦がしバターで作る
フィナンシェを、白あんでしっとり、
和風に焼き上げました。
アーモンドの風味としょうがの甘煮が、
ほんのりとしたアクセントに。
専用の型がない場合は、
角型や小さなバットで焼いて
カットしてもOKです。

黒ごまやナッツが好きな私にとって、あんこ、ナッツ、香ばしい生地は、最強の組み合わせ。中華街はもちろん、台湾やベトナムなど、アジアを旅行するとまっ先に探すおやつです。

# 14 月餅

◎材料（直径7cmのもの6個分）

A
- 薄力粉……60g
- ベーキングパウダー……ひとつまみ

B
- きび砂糖……20g
- 太白ごま油……大さじ½
- 水……大さじ½

卵……½個分

【ごまあん】
- かたあんこ……180g
- 黒練りごま……小さじ1と½
- くるみ、アーモンド、松の実など（すべてローストしたもの）……合わせて30g

◎下準備
- ・ナッツは粗く刻み、その他のごまあんの材料と混ぜ、6等分してラップに並べる。
- ・天板にオーブンシートを敷く。
- ・オーブンを170℃に温める。

**1** ボウルに卵の半量、Bを入れ、泡立て器でなめらかに混ぜる。

**2** Aをふるい入れ、ゴムベラでさっくりと、粉っぽさがなくなるまで混ぜる。

**3** 生地を6等分して丸め、ラップにのせて薄力粉（分量外）をふり、めん棒で2mm厚さにのばし、ごまあんを包む。とじ目を下にして軽くつぶし、上面にクッキー型などを押しつけて模様をつけ、天板に並べて表面に残りの溶き卵を塗り、170℃のオーブンで22分焼く。

＊粗熱がとれたらポリ袋に入れるかラップで包み、しっとりした翌日以降が食べごろ

本場・台湾では、豆乳を石灰でゆるく固め、豆やくだものをトッピングして楽しみます。夏は冷たく、冬は温かくしていただきます。

# 15 豆花《トウファ》

◎材料（4〜5人分）

A
- 豆乳（成分無調整のもの）……300㎖
- 絹ごし豆腐……1/3丁（100g）
- きび砂糖……大さじ1

- 粉ゼラチン……小さじ2
- 水……大さじ1

【しょうがシロップ】
- きび砂糖……50g
- 水……150㎖
- しょうが汁……小さじ2

生落花生（あれば）、ゆるあんこ……各適量

◎下準備
- ・豆腐はざるでこすか、フードプロセッサーにかけてなめらかにする。
- ・ゼラチンは水にふり入れ、ふやかしておく。

**1** 小鍋にAを入れ、ゴムべラでなめらかに混ぜる。中火にかけて耐熱のヘラで混ぜながら、鍋肌がフツフツしてくる直前で火を止め、ふやかしたゼラチンを加えて溶かす。

**2** ボウルにこし入れ、底に氷水をあてて混ぜながらしっかり熱をとり、バットに流して冷蔵室で3時間以上冷やし固める。
＊氷水で冷やすのは、分離せずに固まりやすくするため

**3** しょうがシロップを作る。小鍋に砂糖と水を入れて火にかけ、ひと煮立ちして砂糖が溶けたら火を止め、しょうが汁を加えて冷ます。生落花生は水にひと晩つけ、熱湯でやわらかくゆでる。

**4** 器に**2**を盛り、**3**、あんこを好みの量のせる。

かたあんこ（つぶあん）
ゆるあんこ（つぶあん）

# 基本のあんこの煮かた

あんこを作る工程は
ごくシンプルで、
豆をやわらかく煮て、
甘みを加えるだけ。
ただ、上手に豆を煮て
おいしいあんこにするには、
いくつかポイントが
あります。

## 豆の味を残すため、アクをとるのは最低限に

豆を煮る時、渋きり（煮て煮汁を捨てること）で豆を中までやわらかくし、アクをとることで豆の雑味を除いていきます。ただ、今スーパーで買える普通の値段のあずきは、そんなに質が悪いものはありません。アクをとりすぎると、うまみがなくなって、もの足りなくなることも。回数は控えめに。

## かたさが残らないよう、しっかり下煮を

砂糖を加えてからは、豆はやわらかくならず、そのうえ冷めると皮がぐっとしまるので、なんだか皮がかたいなと感じることも。まず下煮の時点で、完全に豆をやわらかくしましょう。

## 豆の腹が割れすぎないような火加減を

加熱する火が強すぎると、豆が割れて、中身がどんどん出て皮だらけに。口あたりの悪いあんこになります。全く割らずに作るのは難しいですが、豆がやさしく踊るくらいの火加減で煮ます。「蒸らす」作業を2回加えることで、時間はかかりますが、強い力を加えずにやわらかく煮ることができます。

## 砂糖を加えたら、一気に煮上げる

下煮を終えて砂糖を加えたら、やや強めの火で一気に煮ること で、短時間で風味を損なわず煮ることができます。火を止めたあと、思った以上に水分を吸ってかたくなるので、理想のかたさになる手前で火を止めましょう。

# かたあんこ（つぶあん）

この本の基本となるあんこです。
豆を熱湯にいきなり入れることで、
中心まで水分がしみ込み、
豆がやわらかくなります。
砂糖を加えたら水分を飛ばし、
適度にかたく煮上げて、
焼き菓子にも使いやすく。
このあんこだけは、塩を加えます。
この塩が、あんこのうまみを
ぐぐっと引き出してくれるんです。

◎材料
（でき上がり約600g分）
あずき……200g
砂糖……160g（豆の80%）
塩……ふたつまみ

## 1 熱湯で煮る

厚手の鍋に水2カップ（豆の2倍）を入れて火にかけ、しっかり沸騰したら洗った豆を加え、再び沸騰したら中火で5分煮る。

豆をざるにとり、煮汁は捨てる。

## 2 汁を捨てる（渋きり）

さし水1.5カップを加え、再び沸騰したら中火で5分煮、火を止めてふたをして30分蒸らす。

＊さし水で温度を下げ、豆を煮えやすくする

蒸らすことで豆のしわがのび、均一にやわらかくなる。

## 3 水から煮る（下煮）

豆を鍋に戻し、水3カップを加えて強火にかける。沸騰したら、豆が少し踊るくらいの火加減（弱めの中火）に弱めて煮る。

＊火が強いと、豆の腹が割れるので注意

豆が湯から顔を出しそうになったら、そのつどさし水1カップを加え、時々アクをとりながらふたはせずに煮る。

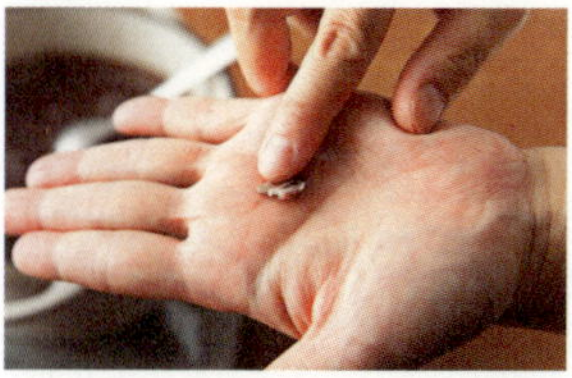

やわらかくなってきたら、色が濃くていちばんかたそうな豆を選び、少し冷まして指で押し、すっとつぶれればOK。

＊まだかたい時は、さらに煮る

## 4 蒸らす

火を止め、ふたをして30分以上蒸らす。

＊夜ここまで煮て、ひと晩おいてもいい。暑い時期は、冷めたら冷蔵室へ

蒸らしたあとは、中までしっかりとやわらかくなり、色は赤みが少し抜けたようになる。

## 5 砂糖を加える

ざるの下にボウルをあてて豆をとり、鍋に戻す。

ボウルの煮汁はうわずみを捨て、底に沈殿した濃い色のあんこは鍋に戻す。

＊数分おいてからボウルを傾けるといい

砂糖を加え、豆をつぶさないようにゴムベラでやさしくからめ、中火にかける。沸騰したら耐熱のヘラで時々混ぜながら、弱めの中火で煮る。はねるので注意。

ヘラでかいた時に底が見え、一瞬おいてあんが戻るくらいになればOK。塩を加えて混ぜ、火を止める。

＊ややゆるいくらいでちょうどいい

### ◎保存のしかたと日持ち

冷めたら保存容器に入れ、冷蔵室で約4日。小分けしてラップで包んでファスナー式の保存袋に入れ、冷凍室で約2週間。

# ゆるあんこ（つぶあん）

トッピングやそのまま食べるのに、ぴったりなあんこ。
砂糖を加えたらほんの少しだけ煮て、火を止めます。
あとは、甘みをゆっくりしみ込ませましょう。
さらりと食べたいので、塩は入れずに作ります。

◎材料
（でき上がり約700g分）
あずき……200g
砂糖……240g
（豆の120％）

## 1 熱湯で煮る

厚手の鍋に水2カップ（豆の2倍）を入れて火にかけ、しっかり沸騰したら洗った豆を加え、再び沸騰したら中火で5分煮る。

豆をざるにとり、煮汁は捨てる。

## 2 汁を捨てる（渋きり）

さし水1.5カップを加え、再び沸騰したら中火で5分煮、火を止めてふたをして30分蒸らす。
＊さし水で温度を下げ、豆を煮えやすくする

蒸らすことで豆のしわがのび、均一にやわらかくなる。

## 3 水から煮る（下煮）

豆を鍋に戻し、水3カップを加えて強火にかける。沸騰したら、豆が少し踊るくらいの火加減（弱めの中火）に弱めて煮る。
＊火が強いと、豆の腹が割れるので注意

豆が湯から顔を出しそうになったら、そのつどさし水1カップを加え、時々アクをとりながらふたはせずに煮る。

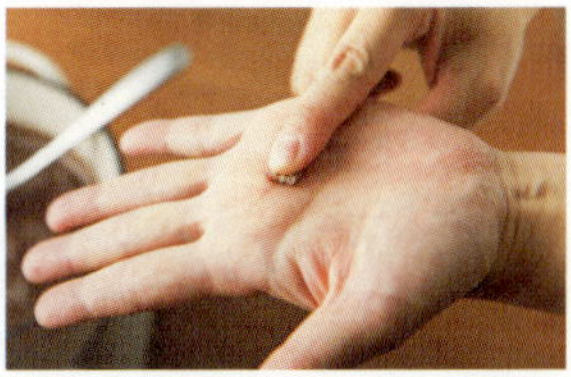

やわらかくなってきたら、色が濃くていちばんかたそうな豆を選び、少し冷まして指で押し、すっとつぶれればOK。

＊まだかたい時は、さらに煮る

## 4 蒸らす

火を止め、ふたをして30分以上蒸らす。

＊夜ここまで煮て、ひと晩おいてもいい。暑い時期は、冷めたら冷蔵室へ

蒸らしたあとは、中までしっかりとやわらかくなり、色は赤みが少し抜けたようになる。

## 5 砂糖を加える

ざるの下にボウルをあてて豆をとり、鍋に戻す。ボウルの煮汁はうわずみを捨て、底に沈殿した濃い色のあんこは鍋に戻す。

＊数分おいてからボウルを傾けるといい

砂糖を加え、豆をつぶさないようにゴムベラでやさしくからめ、中火にかける。沸騰したら耐熱のヘラで時々混ぜながら、弱めの中火で煮る。はねるので注意。

さらさらの水分に少し濃度がついて、豆と水分がひたひたにあるくらいで火を止める。

## ◎保存のしかたと日持ち

冷めたら保存容器に入れ、冷蔵室で約4日。小分けしてラップで包んでファスナー式の保存袋に入れ、冷凍室で約２週間。

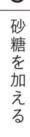

# こしあん

最初に自分で作った時、
なんてめんどうな！そして、
なんておいしい！と思いました。
私は、水にさらす回数は少なめです。

◎材料
（でき上がり約500g分）
あずき……200g
砂糖……160g（豆の80%）
＊生あん450gと皮350gができる

## 1 熱湯で煮る

厚手の鍋に水2カップ（豆の2倍）を入れて火にかけ、しっかり沸騰したら洗った豆を加え、再び沸騰したら中火で5分煮る。

豆をざるにとり、煮汁は捨てる。

## 2 汁を捨てる（渋きり）

さし水1.5カップを加え、再び沸騰したら中火で5分煮、火を止めてふたをして30分蒸らす。
＊さし水で温度を下げ、豆を煮えやすくする

蒸らすことで豆のしわがのび、均一にやわらかくなる。

## 3 水から煮る（下煮）

豆を鍋に戻し、水3カップを加えて強火にかける。沸騰したら豆が少し踊る火加減に弱め、煮汁が減ったらさし水1カップを加え、アクをとりながら煮る。

やわらかくなってきたら、色が濃くてかたそうな豆を選び、指ですっとつぶれたら火を止める。
＊まだかたい時は、さらに煮る

## 4 蒸らす

ふたをして30分以上蒸らす。蒸らしたあとは、中までしっかりとやわらかくなり、色は赤みが少し抜けたようになる。

## 5 つぶしてこす

ざるの下にボウルをあてて豆をとり、煮汁はうわずみを捨て、底に沈殿したあんこは残す。豆をゴムベラでつぶしてこす。

＊水道水を細くかけながらやるといい

豆が全部つぶれたら、目の細かいこし器でさらにこすと、口あたりがなめらかになる。

ボウルを15分おき、うわずみを捨てる。水をたっぷり注いで15分おき、うわずみを捨て、もう一度水を注いで15分おく。

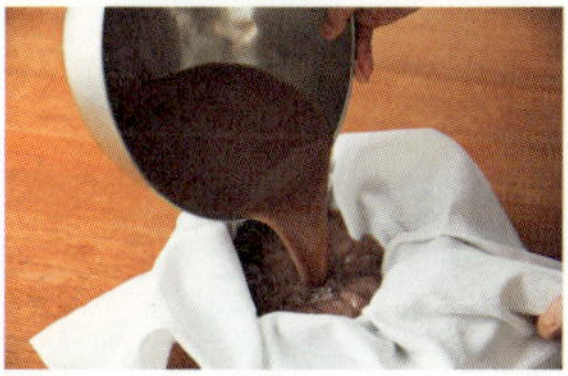

ざるにふきん（または厚手のキッチンペーパー）をのせ、こしたあんをすべて流す。

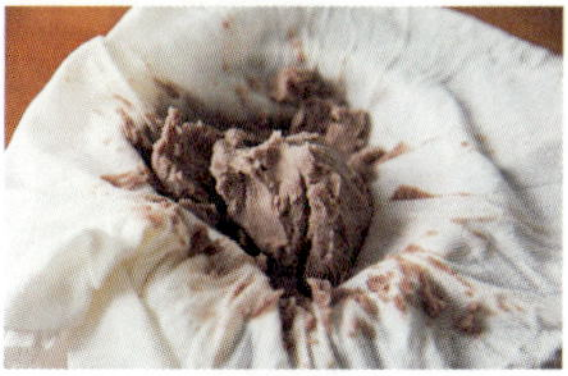

ふきんであんを包み、水分をしっかり絞る。ふきんの中に残ったものが、生あん。

## 6 砂糖を加える

鍋に水1/4カップ、砂糖とともに入れてゴムベラで混ぜ、中火にかける。沸騰したら耐熱のヘラで時々混ぜながら、弱めの中火で煮詰める。はねるので注意。

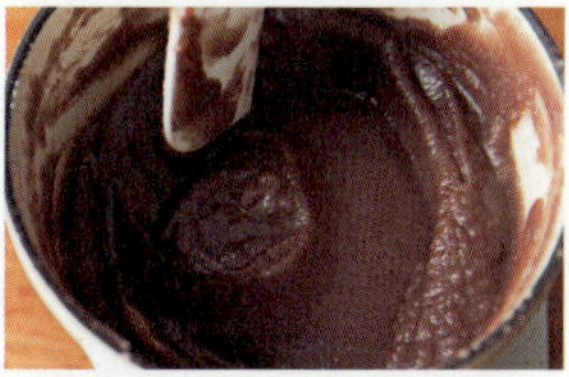

カスタードクリームのようにぽってりとしたら、火を止める。

＊保存のしかたと日持ちは、「かたあんこ」（51ページ）と同じ

# 白あん

豆が大きいので、ひと晩浸水させます。
火加減は、あずきよりも気持ち弱めに。
豆の皮がかたくて口に残りやすいため、
半分だけ皮をこしてください。

◎材料
（でき上がり約500g分）
白いんげん豆（手《て》亡《ぼう》豆）
……200g
きび砂糖……160g
（豆の80％）

## 0 下準備

豆は洗って水3カップ（豆の3倍）を加え、ひと晩つけて浸水させる。

## 1 熱湯で煮る

厚手の鍋に水2カップ（豆の2倍）を入れて火にかけ、しっかり沸騰したら水けをきった豆を加え、再び沸騰したら中火で5分煮る。

## 2 汁を捨てる（渋きり）

さし水1.5カップを加え、再び沸騰したら中火で5分煮、火を止めてふたをして30分蒸らす。

＊さし水で温度を下げ、豆を煮えやすくする

豆をざるにとり、煮汁は捨てる。

## 3 水から煮る（下煮）

豆を鍋に戻し、水3カップを加えて強火にかける。沸騰したら、豆が少し踊るくらいの火加減（弱めの中火）に弱めて煮る。

＊煮くずれしやすいので弱めの火加減で

豆が湯から顔を出しそうになったら、そのつどさし水1カップを加え、時々アクをとりながらやわらかくなるまで煮る。

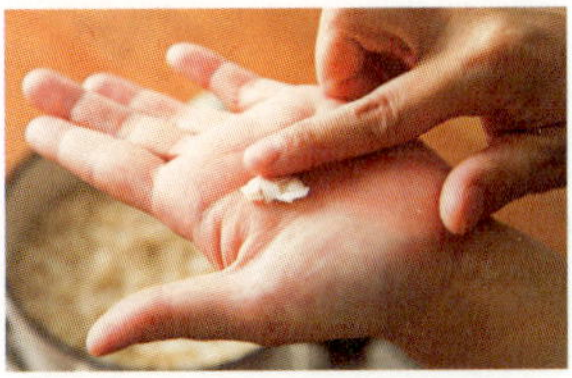

やわらかくなったら、いちばんかたそうで割れていない豆を選び、少し冷まして指で押し、すっとつぶれればOK。

＊まだかたい時は、さらに煮る

## 4 蒸らす

火を止め、ふたをして30分以上蒸らす。

＊夜ここまで煮て、ひと晩おいてもいい。暑い時期は、冷めたら冷蔵室へ

蒸らしたあとは、中までしっかりとやわらかくなる。

## 5 半量をつぶす

ざるの下にボウルをあてて豆をとり、半量は鍋に戻す。ボウルの煮汁はうわずみを捨て、底に沈殿したあんこは鍋に戻す。

＊数分おいてからボウルを傾けるといい

ざるの下にボウルをあて、豆の半量をゴムベラでつぶしてこす。

## 6 砂糖を加える

鍋に豆、こした豆を合わせ、砂糖を加え、豆をつぶさないようにゴムベラでやさしくからめて中火にかける。

沸騰したら、耐熱のヘラで混ぜながら弱めの中火で煮、ヘラでかいた時、一瞬おいてあんが戻るまで煮詰めたら火を止める。

＊はねるので注意

### ◎保存のしかたと日持ち

冷めたら保存容器に入れ、冷蔵室で約4日。小分けしてラップで包んでファスナー式の保存袋に入れ、冷凍室で約2週間。

# ぬれ甘納豆

いつからか、砂糖をたっぷりまぶした甘納豆ではなく、しっとりしたぬれ甘納豆が好きになりました。本来は、砂糖のみつにつけて数日かけて作りますが、簡単にゆるあんこを乾かして作ります。

◎材料
(でき上がり約300g分)
ゆるあんこ …… 700g
＊好みの量でOK

◎下準備
・ゆるあんこは煮て1日おき、甘みをなじませておく。

## 1 汁けをきる

あんこはざるにあけ、汁けをしっかりきる。

## 2 湯をかけて水けをふく

さっと湯をかけ、キッチンペーパーで水けをしっかりふく。
＊粒をつぶさないようにやさしく

## 3 乾かす

バットなどの平らなところに重ならないように広げ、扇風機にあてるか天日で干して乾かす。

時々ゆすって豆の上下を返し、半乾きになったらでき上がり。
＊保存容器に入れ、日持ちは冷蔵室で約3日

おまけ

# こしあんで残ったあずきの皮で グラノーラ

こしあんで豆をこす過程で、必ず出てくる豆の皮。焼き菓子に混ぜたら？と思ったのがきっかけです。あずきの風味は少なくなっていますが、食感のアクセントになります。

◎材料（でき上がり約300g分）

A
- オートミール……100g
- きび砂糖……50g
- 薄力粉……25g
- ココア……20g
- 塩……ひとつまみ

あずきの皮（55ページ）……50g
くるみ（ローストしたもの）……40g
グリーンレーズン……40g
太白ごま油……40g
水……大さじ2

◎下準備
- くるみは手で3～4等分に割る。
- 天板にオーブンシートを敷く。
- オーブンを170℃に温める。

1 ボウルにAを入れて手でぐるぐるっと混ぜ、油を加えて同様に混ぜる。あずきの皮、くるみを加えてさっと混ぜ、水を加えてぐるぐるっと混ぜる。

2 天板に薄く広げ、170℃のオーブンで15分焼く。取り出してスプーンでひと口大にほぐし、全体を混ぜ、さらに15分焼く。

3 レーズンを加えてざっと混ぜ、天板の上で冷ます。
＊冷めたら保存容器に乾燥剤（シリカゲル）とともに入れ、日持ちは常温で約1週間

## 市販のおすすめあんこ

試作を兼ねて、市販のあんこもいろいろ使ってみました。水分量や甘さは同じではありませんが、手作りと近い仕上がりになります。
＊入手先はすべて（富）➡112ページ

極上 こしあん

さらりとしたのどごし、甘すぎないすっきりとした味が特徴。きれがよいので、皮で包む時など扱いがラク。

極上 小倉あん

かたあんこのかわりに。やわらかめの粒あんで、私が作るものより少し甘め。軽く煮詰めて使っても。

極上 白こしあん

豆の皮をすべてこしたタイプ。私が作るものより甘め。やわらかくて扱いにくい時は、軽く煮詰めて使って。

こだわりの煮あずき

ゆるあんこのかわりに。汁けは少なく、豆の粒がしっかりとした煮あずきで、色がきれいで甘さも控えめ。

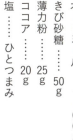

## 豆について

あずきやいんげん豆は、9月下旬～10月に収穫を迎えます。収穫後に販売される新豆は、水分が多くてやわらかく、収穫から時間がたった豆は、かたく乾燥しています。いつ収穫されたものかで、煮る時間を加減してみて。

### 白いんげん豆（手亡《てぼう》豆）

白あんを作る時に使います。手亡(てぼう) 豆はいんげん豆の一種で、やや小粒で煮えやすいので、あれば手亡豆を選びます。白いんげん豆はあずきより皮がかたく、口に残るため、皮を半分こして加えるようにします。選び方は、あずきと同様です。「北海道産 手亡いんげん豆」★

### あずき

あんこ用の豆は、一般的なあずきと、粒が大きめの大納言あずきがありますが、私は普段のあんこ作りには、すべてあずきを使っています。購入する時は、欠けや割れ、黒ずみが少なく、粒がそろったものを選びます。「北海道産 特選小豆」★

### ●新豆と古豆について

あずきは秋に収穫され、そのあと新豆としてお店に並びます。お米同様、新しいものは水分が多く、皮もやわらかいので、びっくりするくらい早くやわらかくなってしまうことも。豆の腹が割れすぎないよう、火加減を注意して煮ます。逆に夏の時期に買った豆は、少しかたく乾燥しています。下煮の時点で時間をかけて、やわらかくなるまで煮ていきましょう。

## あんこのお菓子でよく使う粉など

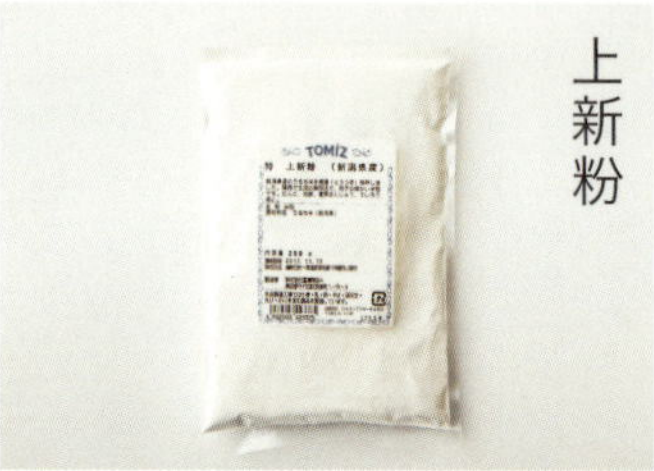


### 上新粉

うるち米を乾燥させ、粉末にしたもの。白玉粉より、歯ごたえと歯切れがいいのが特徴です。やわらかさとともに、適度な弾力があったほうがおいしいお菓子、おだんごやかしわもちなどに使います。「新潟県産 特 上新粉」★

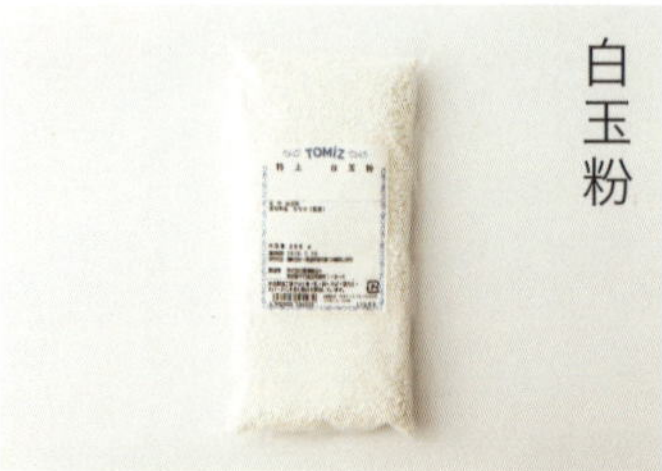


### 白玉粉

もち米を水に浸してひき、沈殿したものを乾燥させ、砕いたもの。もち米らしいやわらかさと、なめらかな食感が特徴です。白玉として食べるのはもちろん、大福のぎゅうひなどに使います。「特上 白玉粉」★

# 砂糖について

あんこには、きちんと甘みが感じられる量の砂糖を使い、楽しむのは少量ずつ、というのが気に入っています。砂糖は、保存性や保水性を高める役割もあります。まずはレシピ通りに作り、そこから好きな量を見つけて。

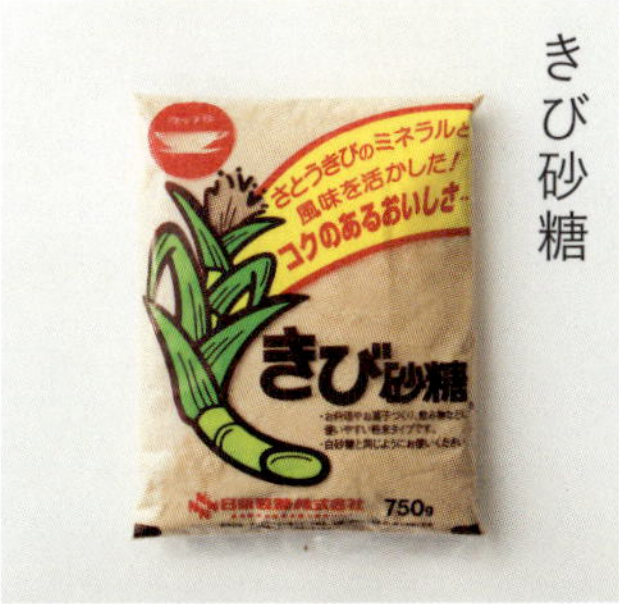


## きび砂糖

家で使う砂糖は、料理にもお菓子にも使えるものが1種類あればいいと思うので、わが家ではきび砂糖のみです。精製度が低く、やわらかい甘さでクセがなく、素材の味をじゃましません。

## 一番糖

日々買い物をするスーパーで売っている砂糖です。精製度が低く、きび砂糖と同じ使い方ができます。色が白いので、素材の色をそのまま出したい時は、こちらもおすすめ。大きめのスーパーなどで扱っています。

### ● その他の砂糖について

あんこはもちろん、きび砂糖以外のお砂糖でも作ることができます。それぞれに味の個性があるので、好みのものを使ってください。グラニュー糖や上白糖、三温糖など、精製された砂糖で作る場合は、きび砂糖と同量で作ってみて。てんさい糖や、少ししっとりした洗双（せんそう）糖、粗糖などで作る場合は、分量を10%ほど増やして。黒糖は、分量の一部を置き換えて使うのがおすすめです。

＊白玉粉と上新粉は似ていて、どちらも水で練って、蒸したりゆでたりして使います。求める食感によって、やわらかくなめらか＝白玉粉、適度な歯ごたえ＝上新粉と使い分けるといいと思います。

## 道明寺粉

もち米を水に浸し、蒸して乾燥させ、ひいたもの。もっちりとした食感が特徴で、主に桜もちに使います。道明寺というお寺で保存食のために作られたのが、名前の由来とされています。「道明寺粉 5割中粒」★

## もち米

主にもちやおこわ、おはぎなどに使います。うるち米よりも浸水に時間がかかるので、使う2時間ほど前に洗い、浸水させます。私のレシピでは、もち米100%だと重たいので、一部にうるち米を混ぜて使うことが多いです。

★の入手先はすべて（富）➡112ページ

# 道具について

あんこ作りに必要な道具たちです。
普段のごはん作りと兼ねられるものばかり。
ただ、ひとつひとつは機能、デザインともに、
気に入ったものを選ぶようにしています。
好きな道具だと、作るのが楽しくなります。

## 厚手の鍋

あんこはバーミキュラやストウブ、ル・クルーゼなど、厚手の鍋で煮ることが多いです。煮えムラが少なく、保温力が高くて、早く煮えるのが特徴。逆をいえば、沸騰しやすく煮くずれることがあるので、煮る時はふたをせず、蒸らす際にふたをします。「バーミキュラ オーブンポットラウンド18cm（ナチュラルベージュ）」➡入手先は112ページ

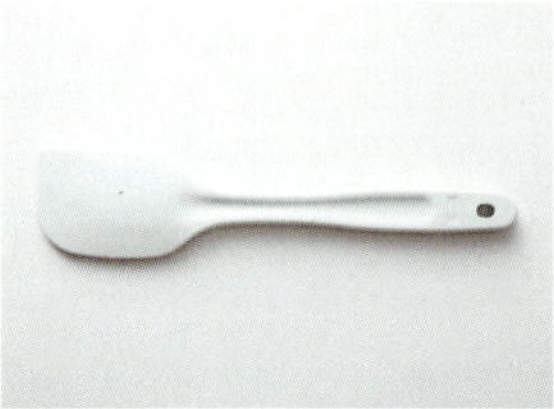

## 耐熱のゴムベラ

耐熱の一体型で、適度なかたさとしなりがあるものがおすすめ。あんこは砂糖が入ると焦げやすくなるので、底をしっかり混ぜるのに適しています。こしあんの皮をこすのにも使用。

## ボウル（ポリエチレン製）

大福のぎゅうひ、桜もちやかしわもちのもちなどの和菓子作りには、電子レンジで加熱できるポリエチレン製のマトファーのボウルを使っています（写真は直径24cm）。

## ボウル（ステンレス）

あんこ作り、焼き菓子作りには、主に柳宗理のステンレスボウル（直径23cm）を使っています。機能性とデザインの両方にすぐれていて、気に入っています。

## ふきん
（または厚手のキッチンペーパー）

こしあんを作る時、さらしたあんこの水けを絞るのに使います。ふきんは薄手のもの（さらしでも）、キッチンペーパーは厚手のものが便利。キッチンペーパーの厚いものは、値段は高めですが、すぐに破けず丈夫なので常備しています。

## こし器

こしあんを作る時、ざるでこしたあと、こし器を通してさらになめらかにすると、口あたりが全く違ってきます。ボウルに重ねられるサイズだと、力を入れられるので便利。ココアや抹茶などをふるうのにも使います。直径18cmの手つきタイプです。

## ざる

あずきの煮汁をきったり、粉をふるうのに使います。足がなく、手つきで、ボウルに重ねられるサイズ（写真は直径15cm）が重宝します。パンチング（細かい穴をあけたもの）タイプは少し目が粗いので、今回はおすすめしません。

# 服装について

あんこは、砂糖を加えて煮詰める時にはねます。思った以上に熱いので、慣れないうちは、肌に飛ばないよう工夫しましょう。
こしあん↓白あん↓ゆるあんこ↓かたあんこ。
この順にはねが激しいので、注意してください。

## めがね

あんこを煮ている間は、くれぐれも鍋の中をのぞき込まないようにしてください。混ぜている時も、顔は若干引き気味で。めがねがあると安心です。

あんこ、
いきま〜す

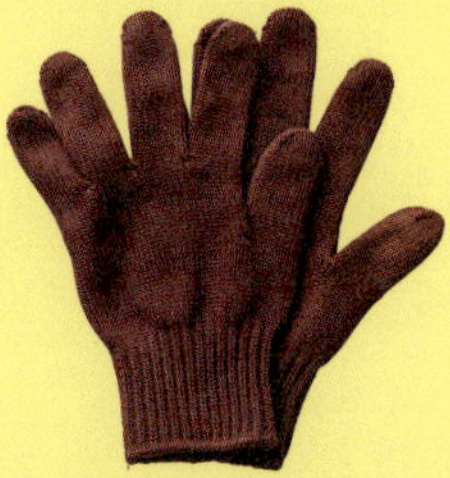

## 軍手（またはミトン）

あずきに砂糖を加えて煮はじめると、水分があるうちは、とてもはねます。まるで溶岩のよう（そんなわけないですが…）、お湯よりも熱い！　罰ゲームか⁉と心の中で思ったことも一度や二度ではありません。ヘラを持つ手がいちばん近いので、軍手をしてください。

## 長袖Tシャツ

同じく、腕にも容赦なくあんこが飛んできます。では火を弱めればよいかというと、気持ち強めの火で、一気に煮上げたいので、そうもいきません。長袖のカットソーなどで腕をガードしてください。

…と、いろいろ書くと、
あんこを煮るってそんな怖いものなのか！
と思われてしまいそうで心配ですが、
慣れてくるとはねるタイミングがわかるので、
最初だけ注意してみてください。

# foodmoodのあんこメニュー

私があんこ好きなので、
焼き菓子店とはいっても、
お店では時々あんこメニューが登場します。
もし見かけた時は、ぜひ試してみてください。

## シフォンサンド
あんこ＋クリーム

シフォンサンドは、foodmoodの看板メニュー。豆乳入りのもっちり、しっとりシフォンに、生クリームと季節のくだものやあんこをサンドします。やわらかいシフォンに合わせて、ゆるあんこを使っています。

## おやき あんこ

長野の郷土料理・おやきをfoodmood風にアレンジしたもの。生地はイーストで発酵させ、フライパンで表面はカリッと、オーブンでふんわりと焼き上げます。かたあんこを使用しています。

## 甘酒みるくアイスのパフェ

砂糖を使わずに甘酒の甘みで仕上げた、さっぱりとしつつもコクのあるアイスに、ゆるあんことグラノーラ、あんずの組み合わせ。食べ進めるうちに、あんこやアイスの水分がグラノーラにしみて、どんどんおいしくなります。

やっぱりはずせない、大好きなあんこたち

# 3章 定番あんこ

大福やたい焼き、おまんじゅう、
あんドーナッツ…。
誰もが大好き、
小さな頃から親しんできた、
あんこおやつたちを集めました。
いろんな生地で焼いたり、
揚げたり、蒸したりすることで、
あんこの楽しみ方も広がります。

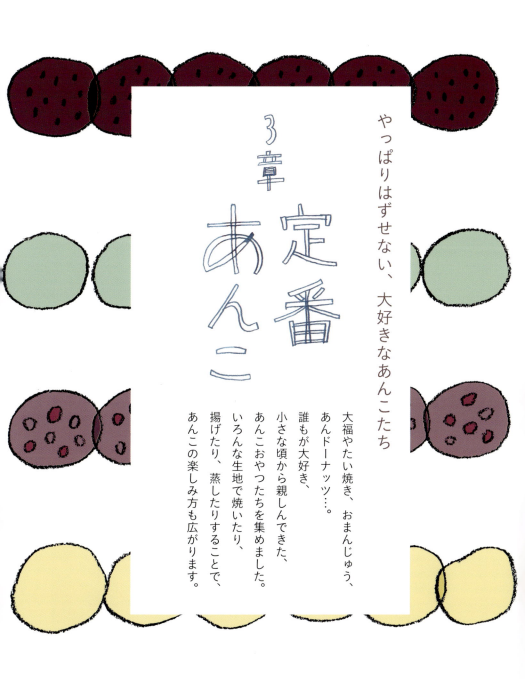

# 1 豆大福

◎材料（直径5㎝のもの6個分）

【ぎゅうひ】
白玉粉……100g
水……150㎖
きび砂糖……20g

こしあん……大さじ6（120g）
市販の黒豆の甘煮……100g
片栗粉……大さじ4

◎下準備
・あんこは大さじ1ずつラップに並べる。
・黒豆は汁けをふき、6等分に分ける。
・バットや大きめの皿に片栗粉の半量を茶こしでふるう。

**1** ぎゅうひを作る。耐熱ボウルに白玉粉を入れ、水を少しずつ加えてゴムベラで混ぜ、ダマがなくなったら砂糖を加えてよく混ぜる。

**2** ラップをかけずに電子レンジで2分加熱し、耐熱のヘラで手早くムラなく混ぜる。

**3** 再び電子レンジで2分加熱し、ムラなく混ぜ、片栗粉をふったバットにあけ、残りの片栗粉を上からふる。

**4** さわれるくらいになったら熱いうちにカードで6等分し、丸めて手で直径5㎝にのばし、まん中に黒豆をのせて軽く押し込む。あんこをのせて包み、丸く形を整える。

＊冷めるとかたくなるので注意。ベタベタする時は、片栗粉適量をふり、あとからはたいて

白玉粉と水、砂糖を電子レンジで加熱したら、耐熱のヘラでムラがなくなるまで手早く混ぜる。

再び電子レンジで加熱して混ぜたら、片栗粉をふったバットにのせ、上からも片栗粉を茶こしでふる。

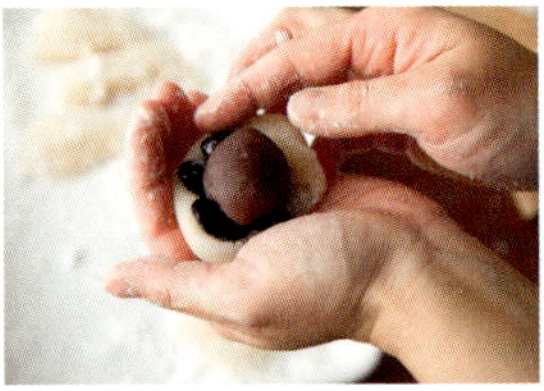

ぎゅうひに黒豆をのせて軽く押し込み、あんこをのせて包み、とじ目は指でつまんでくっつける。

大人になって久しぶりに好きになったあんこは、
当時働いていたカフェの近所にあった、
和菓子屋さんの豆大福でした。
出勤前に買って、朝ごはんに食べたり、
大福があるからがんばろうと、おやつにしたり。
買うだけだったおやつを、
作れるようになるとうれしいですね。

# 2 コーヒー大福

◎材料（直径5㎝のもの6個分）

【ぎゅうひ】

白玉粉……100g

水……150㎖

きび砂糖……20g

片栗粉……大さじ4

【コーヒークリームあん】

白あん……120g

インスタントコーヒー……小さじ1

熱湯……小さじ½

生クリーム……大さじ2（30g）

◎下準備

・生クリームはピンとツノが立つまで泡立て、オーブンシートを敷いたバットにスプーンで6等分してのせ、冷凍室で1時間冷やし固める。

・バットや大きめの皿に片栗粉の半量を茶こしでふるう。

**1** コーヒークリームあんを作る。ボウルにインスタントコーヒーと熱湯を入れて溶き、白あんを加えてゴムベラでよく混ぜる。6等分し、冷やした生クリームを1つずつのせて包み、冷凍室に入れておく。

**2** ぎゅうひを作る。耐熱ボウルに白玉粉を入れ、水を少しずつ加えてゴムベラで混ぜ、ダマがなくなったら砂糖を加えて混ぜる。

**3** ラップをかけずに電子レンジで2分加熱し、耐熱のヘラで手早くムラなく混ぜる。

**4** 再び電子レンジで2分加熱し、ムラなく混ぜ、片栗粉をふったバットにあけ、残りの片栗粉を上からふる。

**5** さわれるくらいになったら熱いうちにカードで6等分し、丸めて手で直径5㎝にのばし、**1**をのせて包み、丸く形を整える。

生クリームはツノが立つまで泡立て、オーブンシートかラップを敷いたバットに6等分してのせ、冷凍室で1時間ほど冷やし固める。

コーヒーあんを6等分して平らにのばし、冷やした生クリームを1個ずつ包む。生クリームがかたいうちに扱うのがポイント。

はみだしあんこ話 6

## ワールドあんこ

欧米では、豆を甘く煮て食べるのは信じられないと聞きますが、本当でしょうか。アジアを旅すると、土地土地であんこのお菓子を食べるのが楽しみになっています。台湾の月餅、ベトナムのチェー、韓国のもち菓子。アジアの人たちはあずきだけでなく、いろんな豆をあんこにして楽しんでいます。もっと知らない国へ行って、知らないあんこ菓子に出会いたいです。

いつからか、いろんな変わり大福を
見かけるようになりました。
いちご大福、あんず大福、抹茶クリーム大福、
そして、コーヒー大福。
最初は、コーヒーとクリームの大福？　無理！
と思っていたのに、ふとしたきっかけで食べてみたら、
これはありだなあとびっくりしました。
あんことコーヒーは豆つながりだからか、味なじみがいいのです。
食べる時は、室温に15分ほどおいてからどうぞ。

# 3 バターどら焼き

◎材料（直径6cmのもの6組分）

A［薄力粉……60g
　ベーキングパウダー……小さじ1/3

B［卵……1個
　きび砂糖……60g
　はちみつ……小さじ1

牛乳……40mℓ

かたあんこ……大さじ9（180g）

【ホイップバター】（作りやすい分量）

生クリーム……50mℓ

有塩バター……25g

**1** ボウルにBを入れて泡立て器で混ぜ、牛乳を加えてなじむまで混ぜる。Aを合わせてふるい入れ、泡立て器で中心から外側に向かって混ぜ、室温で5分休ませる。

＊休ませることで、ふんわりと口溶けがよくなる

**2** フッ素樹脂加工のフライパンを熱し、ぬれぶきんにのせて冷まし、生地を軽く混ぜてから大さじ1ずつ流し、弱火にかけて焼く。気泡が出たら裏返し、もう片面は20秒焼き、乾燥しないようにふきんをかけて冷ます。

**3** ホイップバターを作る。ボウルに生クリームとバターを入れ、湯せん（底に沸騰しない程度の湯をあてる）にかけて溶かす。ボウルの底に氷水をあて、ハンドミキサーでクリーム状になるまで泡立てる。

＊湯せんのあと氷水にあてることで、分離せずになめらかに仕上がる

**4** 2にあんこ大さじ1と1/2、ホイップバター大さじ1/2をのせ、サンドする。

＊ホイップバターの残りは、トーストやホットケーキに添えて食べて

熱したフライパンに生地を流して焼き、全体に気泡がプツプツ出たら裏返す。鉄のフライパンを使う場合は、油を薄くひいて。

ホイップバターは容器に入れて冷蔵室で保存し、日持ちは2～3日。よく混ぜてから使って。

あんこがあまり得意ではなくて、
まんじゅうの皮だけ食べる、
どら焼きの皮だけ食べる、
そんな皮だけ食べる星人がまわりにいます。
私はどちらかというと、あんこだけを食べたいほうで、
どら焼きの皮があまり得意ではありませんでした。
でも、自分で作るならおいしく！というわけで、
小ぶりなサイズで、ホイップバターをプラス。
ちょっとリッチなどら焼きです。

# 4 たい焼き
（あんこ／豆乳カスタード）

◎材料（8㎝長さのたい焼き型6個分）

A
- 薄力粉……60g
- きび砂糖……大さじ1
- ベーキングパウダー……小さじ1/2
- 塩……少々

水……80㎖

【豆乳カスタード】（作りやすい分量）
- 卵黄……1個分
- 豆乳（成分無調整のもの）……150㎖
- きび砂糖……大さじ2
- 薄力粉……大さじ1
- バニラエッセンス……少々

かたあんこ……大さじ6（120g）＊

太白ごま油……少々

＊豆乳カスタード入りを作る場合は半量に

**1** 豆乳カスタードを作る。ボウルに砂糖、薄力粉をふるい入れ、豆乳（少しずつ）、卵黄の順に加えてそのつど泡立て器で混ぜる。

**2** 小鍋にこし入れて弱めの中火にかけ、耐熱のヘラで絶えず混ぜながらしっかり沸騰したら火を弱め、1分加熱する。バニラエッセンスを加えて混ぜ、容器に移し、表面にラップをぴったりはりつけて粗熱をとる。

**3** ボウルにAを合わせてふるい入れ、水を少しずつ加えて泡立て器でなめらかに混ぜ、室温で5分休ませる。

＊休ませることで、ふんわりと口溶けがよくなる

**4** たい焼き型をしっかり熱し、油を塗り、生地大さじ1/2を薄く入れ、まん中にあんこ大さじ1を細長くのせる。上から生地大さじ1をかけ、ふたをし、両面がパリッとして薄く焼き色がつくまで8〜10分焼く。

＊豆乳カスタード入りは、あんこ、豆乳カスタード各大さじ1/2をのせて焼く。豆乳カスタードの残りは、やわらかめのパンにサンドするなどして食べて

生地をたい焼き型にこすりつけるように薄く入れ、細長くあんこをのせ（写真は豆乳カスタード入り）、上から生地を薄くかけて焼く。

豆乳カスタードは、耐熱のヘラで絶えず混ぜながら弱めの中火にかけ、沸騰したら火を弱めて1分加熱し、粉に火を通す。

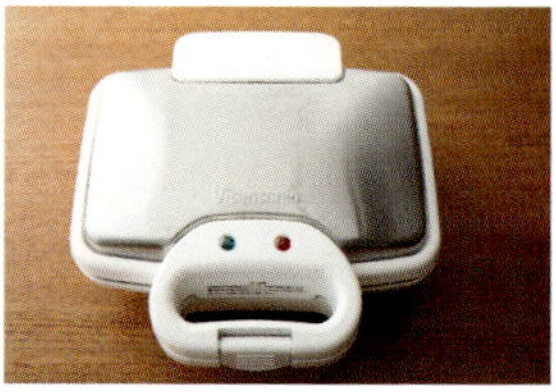

たい焼き型はビタントニオ「ワッフル＆ホットサンドベーカー」のポワソンプレートを使用。直火で焼くたい焼き器を使っても。

東京・国立に越してきた頃、
近所に屋台を引いて現れた、たい焼き屋さん。
1丁ずつの型をぱたぱた返しながら
作ってくれるたい焼きは、
皮がカリッと、あんこも絶品でした。
ホットサンドメーカーを使って、
生地には卵を入れずにじっくり焼くことで、
屋台に近い香ばしい皮が、家でも楽しめます。

# 5 おまんじゅう
（茶まんじゅう／酒粕まんじゅう）

◎材料（直径5㎝のもの各8個分）

【茶まんじゅう】

A
- 薄力粉……80g
- ベーキングパウダー……小さじ2/3

B
- 黒砂糖（粉末のもの）……30g
- きび砂糖……20g

熱湯……大さじ2

かたあんこ……大さじ8（160g）

【酒粕まんじゅう】

C
- 薄力粉……80g
- ベーキングパウダー……小さじ2/3

きび砂糖……40g

水……大さじ1

こしあん……大さじ8（160g）

《酒粕クリーム》（ここから30g分を使用）

酒粕……100g

水……100㎖

＊ボウルにちぎった酒粕、水を入れてゴムベラでなじませ、すり鉢（またはフードプロセッサー）でクリーム状に練る。残りはみそ汁に入れたり、肉や魚を漬けてもいい

◎下準備
- ・容器にBを入れて砂糖を溶かし、冷ます。
- ・あんこは大さじ1ずつラップに並べる。
- ・オーブンシートを6㎝角16枚に切る。

**1** 茶まんじゅうを作る。ボウルにBを入れ、Aを合わせてふるい入れ、ゴムベラで粉っぽさがなくなるまで混ぜる。

**2** 台の上にラップを敷き、**1**をのせて薄力粉（分量外）をふり、カードで8等分する。生地に粉をつけながら手で軽くつぶし、あんこをのせて包む。

**3** とじ目を下にしてオーブンシートにのせ、蒸気の上がった蒸し器の中火で15分蒸す。使わなくなったスプーン、金串を直火で焼き（やけどに注意）、好みの顔を描く。

**4** 酒粕まんじゅうは、ボウルに酒粕クリーム、砂糖、水を入れてゴムベラで混ぜ、**C**を合わせてふるい入れて生地を作り、こしあんを包んで同様に蒸す。

＊温かいうちに食べるのがおすすめ。冷めたら蒸し器で温め直して

ちぎった酒粕に水を加え、すり鉢ですり合わせた酒粕クリーム。フードプロセッサーにかけてもいい。

茶まんじゅうのでき上がりの生地は、かなりベタベタしているけれど、粉は足さないで。

使わなくなったスプーンや金串を直火で熱し（やけどに注意）、顔を描く。目は金串、口はスプーン、鼻はスプーンの柄で。

お祝いの席の紅白まんじゅう、
旅行のおみやげにもらう温泉まんじゅう、
わが家の茶の間には、
いつもまんじゅうがあったように思います。
自分で作ったことがある人は
少ないかもしれませんが、
実は、材料も工程もごくシンプル。
蒸したてがいちばんおいしいので、
それが食べられるのは手作りの特権です。

# 6 あんドーナッツ

◎材料（直径5～6㎝のもの8個分）
A［薄力粉……120g
　ベーキングパウダー……小さじ1
バター（食塩不使用）……20g
きび砂糖……30g
卵……1個
牛乳……大さじ2
かたあんこ……大さじ8（160g）
揚げ油、仕上げ用のきび砂糖……各適量

◎下準備
・バターと卵は室温に戻す。
・あんこは大さじ1ずつラップに並べる。

**1** ボウルにバターを入れ、ゴムベラでクリーム状に練り、砂糖を加えて泡立て器でふんわりするまですり混ぜる。溶いた卵を3回に分けて加え、そのつどよく混ぜる。

**2** **A**を合わせてふるい入れ、ゴムベラでさっくりと混ぜ、ぽろぽろしてきたら牛乳を回し入れ、粉っぽさがなくなるまで混ぜる。ラップで包み、冷蔵室で1時間休ませる。

**3** オーブンシート（またはラップ）に薄力粉（分量外）をふり、生地をのせて上にも粉をふり、カードで8等分する。粉をふってめん棒で直径8㎝にのばし、あんこをのせて包む。

**4** 中温（170℃）の揚げ油で、転がしながら2分30秒～3分揚げる。粗熱がとれたら砂糖をまぶす。

生地を8等分したら、オーブンシートに粉をふって生地をのせ、めん棒で直径8㎝にのばす。

生地にあんこをのせ、皮を寄せて包む。あんこがはみ出さないよう、とじ目はしっかりくっつける。

はみだし あんこ話 7

## あんこは港のようなもの

年ごろになると、カスタードやクリームを使った華やかでインパクトのある洋菓子にひかれました。作るのも、もっぱら洋菓子。あんこをダサいとは思いませんでしたが、女子がひとりで作るお菓子とは思っていませんでした。今はあんこのお菓子こそ、自分にとっては大切に向き合いたい、作りたいお菓子です。遠回りしましたが、帰ってきましたよ。

パン屋さんに行くと、
しょっぱいお惣菜パン一つ、
あんパン一つをたいてい選びます。
お惣菜パンが軽めな時は、
あんパンはあんドーナッツに変わります。
私にとっては、元気の出るパワーおやつ。
発酵タイプの生地も好きですが、
ベーキングパウダーなら手軽に作れます。
ふんわりケーキタイプの生地なので、
ついもうひとつと手が伸びますよ。

# 7 きんつば

（つぶあんくるみ／白あんいちご）

あんこ菓子はたいてい好きな私ですが、
きんつばはちょっと苦手でした。
今思えば、あんこがねっとり甘くなると、
濃厚すぎてお手上げだったようです。
それがここ数年、おいしい和菓子屋さんの
きんつばに出会い、これは濃厚さではなく、
あずきの粒を味わうお菓子だと知りました。
あんこにはごろっとくるみ、白あんには、
甘酸っぱいいちごの風味がぴったりです。

↓作り方は82ページ

## 8 麩《ふ》まんじゅう

おそらく自分で作れそうにない
（どうやって作るのかわからない）、
和菓子ランキングがあったら、上位です。
そのくらい、生麩って不思議な食べもの。
私と麩まんじゅうの出会いは、20代の京都旅行。
老舗の生麩屋さんで食べた、
麩まんじゅうのおいしさが忘れられません。
作る時、こねるのに少し根気はいりますが、
できたての生麩は格別です。

↓作り方は83ページ

# 9 いきなりだんご

さつまいもとあんこをもちでくるみ、蒸し上げた九州の郷土菓子。生のいもを使って手軽に作れるのが、「いきなり」の由来だそう。近所のスーパーで蒸したてを売っているので、晩ごはんの買い物ついでに、時々おやつに。自分で作る時は、生地に豆腐を混ぜて、冷めてもやわらかい食感にします。

↓作り方は84ページ

# 10 あんことチョコの浮島

「浮島」は、あんこに卵や小麦粉を加えて
蒸した、しっとりカステラのような和菓子。
甘みと水分がしっかりあって保水効果の高い、
「あんこ」のよさを最大限に生かした
お菓子だなと思います。
ここにココアが入ると、ぐぐっと洋風に。
冷やしてスライスしたら、
ホイップクリームを添えるのがお気に入り。
クリームにほんの少しラム酒を加えても。

↓作り方は85ページ

# 7 きんつば
（つぶあんくるみ／白あんいちご）

◎材料（3.5×3.5cmのもの各4個分）

【つぶあんくるみ】
かたあんこ……120g
A［粉寒天……小さじ½
　水……40mℓ
くるみ（ローストしたもの）……10g

【白あんいちご】
白あん……200g
B［粉寒天……小さじ½
　水……40mℓ
ドライいちご（フレーク）……大さじ1

【ころも】（作りやすい分量）
C［薄力粉……20g
　白玉粉……小さじ1
　きび砂糖……小さじ1
　塩……少々
水……大さじ2

◎下準備
・牛乳パックは底から10cmのところでカットし、角に5cmずつ切り目を入れて外側に開き、オーブンシートを敷いて型にする。
・くるみは粗く刻む。

**1** つぶあんくるみを作る。小鍋に**A**を入れてヘラでよく混ぜ、弱火にかけて耐熱のヘラで混ぜながら加熱し、しっかり沸騰したら火を止める。あんこを加えて混ぜ、弱火にかけてしっかり沸騰したら火を止める。

**2** くるみを加えてさっと混ぜ、牛乳パックの型に流し、涼しい場所に1時間以上おいて固める。白あんいちごも同様に作り、それぞれ4等分にカットする。

**3** ころもを作る。ボウルに**C**を入れ、水を加えてゴムベラでなめらかに混ぜ、ラップをかけて室温で30分休ませる。

**4** ホットプレートの中温（またはフライパンの弱火）で太白ごま油少々（分量外）を熱し、**2**の1面に**3**をつけて焼き、薄く焼き色がついたら次の面にも生地をつけて焼く（熱いので注意）。6面すべて焼き、全体がパリッとするまで何回か転がしながら焼く。

あんこは1面ずつころもをつけ、薄く焼き色がつくまで焼く。6面焼けたら、ころもがパリッとするまで転がしながら焼く。

牛乳パックは底から10cm分を用意し、角に5cmずつ切り目を入れて外側に開く。オーブンシートを敷き、型として使う。

ドライいちごは、いちごを急速冷凍し、乾燥させた「フリーズドライフレーク ストロベリー」を使用。（富）➡入手先は112ページ

# 8 麩《ふ》まんじゅう

◎材料(直径6㎝のもの4個分)

A
- 強力粉……200g
- 塩……ひとつまみ

水……120㎖

B
- 白玉粉……40g
- 水……20㎖

こしあん……大さじ4(80g)

笹の葉(あれば)……4枚

◎下準備

・あんこは大さじ1ずつラップに並べる。

・オーブンシートを8㎝角4枚に切る。

**1**

ボウルにAを入れて手でざっと混ぜ、水を少しずつ加えてなじませるように混ぜる。オーブンシートを敷いた台に取り出し、台にこすりつけるようにして10分しっかりこね、ボウルに入れてラップをかけ、室温で30分休ませる。

*最初はぼそぼそして簡単にちぎれるのが、もちもちとやわらかくなるまでこねる

**2**

別のボウルにたっぷりの水を入れ、1を入れて両手でよくもみ、水がにごったらざるに上げ、水を新しくする。これを水がほぼ透明になるまで7〜8回くり返し、水けを絞る。

**3**

ボウルに2、Bを入れ、白玉粉のかたまりをなじませるように手でこねる。なめらかになったら4等分して丸め、手で軽くつぶし、あんこをのせて包む。

*白玉粉がなじむまで根気よくこねて

**4**

とじ目を下にしてオーブンシートにのせ、蒸気の上がった蒸し器の中火で15分蒸す。冷水にとって冷まし、水けをふいて笹の葉で包む。

*常温で保存し、その日のうちに食べる

生地を両手で台にこすりつけるようにして、10分しっかりこねる。もちもちとやわらかく、やさしく引っぱった時に薄くのびるまで。

生地を水の中でもみ、にごったら水を新しくする。これを7〜8回くり返し、グルテンを取り出す。

水が透明に近くなれば、麩の成分のグルテンのでき上がり。これで90〜100g分。水けを手で絞る。

# 9 いきなりだんご

◎材料（直径6㎝のもの8個分）

A
- 白玉粉……50g
- 薄力粉……50g
- きび砂糖……大さじ1
- 塩……少々

絹ごし豆腐……1/3丁（100g）
かたあんこ……大さじ8（160g）
さつまいも……小1本（150g）

◎下準備
・あんこは大さじ1ずつラップに並べる。
・さつまいもは皮つきのまま1㎝幅の輪切りにし、水にさらす。
・オーブンシートを8㎝角8枚に切る。

**1** ボウルにAを入れて手でざっと混ぜ、豆腐を加えて指先で少しずつなじませるように混ぜる。ラップをかけ、室温で30分休ませる。
＊耳たぶくらいのかたさが目安。かたければ豆腐を、水っぽければ薄力粉を足す

**2** 生地をオーブンシートにのせ、カードで8等分し、手のひらでつぶして直径8㎝にのばす。あんこ、さつまいもの順にのせて包む。
＊ベタつくなら薄力粉少々をつけて

**3** とじ目を下にしてオーブンシートにのせ、蒸気の上がった蒸し器の中火で15分蒸す。
＊生地が温かいうちにラップでぴったり包むと、かたくなりにくい
＊生地によもぎの粉を少量加えたり、砂糖を黒砂糖にしてもおいしい

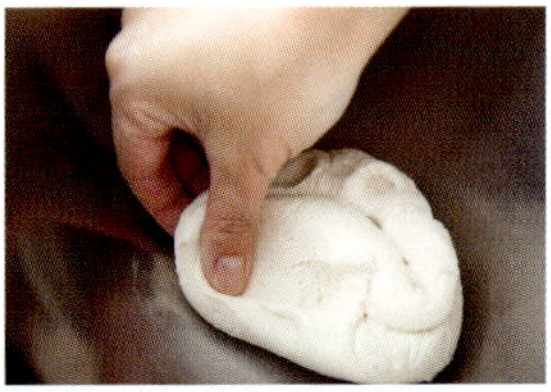

粉類に豆腐を加えて混ぜ、耳たぶくらいのかたさにする。豆腐を加えることで、冷めてもおいしい。

生地を直径8㎝にのばしたら、あんこ、さつまいもの順にのせて包む。底は完全にとじなくてもいい。

はみだしあんこ話 8

**郷土あんこ**

仕事柄、お菓子教室などで日本じゅうを旅します。着くと和菓子のお店をリサーチして、時間の限り訪ねます。その土地の生活から生まれたお菓子は、造形や味も様々で、お菓子を食べることで街を知るような気持ちです。長く愛されてきたお菓子は、余計な飾りがなくてかっこいい。私のお菓子も、こんなふうに長く愛されるといいなと思います。

# 10 あんことチョコの浮島

◎材料（21×8×6㎝のパウンド型1台分）

A
- 米粉（製菓用のもの）……20g＊
- ココア……15g

かたあんこ……120g
きび砂糖……30g
卵……2個
【クリーム】
生クリーム……50㎖
きび砂糖……小さじ1
＊39ページ参照

◎下準備
・卵は卵黄と卵白に分ける。
・型にオーブンシートを敷く。

**1** ボウルに卵黄、あんこを入れ、泡立て器でよく混ぜる。

**2** 別のボウルに卵白を入れ、ハンドミキサーの高速で泡立て、もこもこしてきたら砂糖を2回に分けて加え、ピンとツノが立つまで泡立てる。

**3** **1**のボウルにメレンゲをひとすくい加え、泡立て器でぐるぐるっと混ぜ、残りのメレンゲを加え、ゴムベラで底からすくい上げるようにムラなく混ぜる。**A**を合わせてふるい入れ、ゴムベラで底からすくい上げるように粉っぽさがなくなるまで混ぜる。

**4** 型に流して平らにならし、蒸気の上がった蒸し器の中火で25分蒸す。型から出して冷まし、ナイフで食べやすくカットし、砂糖を加えてゆるめに泡立てた生クリームを添える。

卵白はハンドミキサーの高速で泡立て、ピンとツノが立つまでしっかり泡立てる。

米粉とココアをふるい入れたら、ゴムベラで底からすくい上げるようにして、粉っぽさがなくなるまで混ぜる。

# 11 三色だんご
（みそあん／ごまあん／こしあん）

◎材料（直径3cmのもの3個×7本分）

【白】
白玉粉……30g
上新粉……20g
水……大さじ3
みそあん……白あん50g＋白みそ小さじ1/2

【かぼちゃ】
白玉粉……20g
上新粉……10g
かぼちゃマッシュ……30g＊
ごまあん……かたあんこ50g
＋黒すりごま小さじ1

【よもぎ】
白玉粉……30g
上新粉……20g
よもぎパウダー……小さじ1
水……大さじ3
こしあん……50g

＊かぼちゃ（種とワタ、皮を除いて）50gを水にさっとくぐらせ、ラップをふんわりかけて電子レンジで3〜4分加熱し、フォークでやわらかくつぶす。ここから30g分を使用

◎下準備
・あんこはそれぞれの材料を混ぜ、7等分してラップに並べる。

**1** 白だんごを作る。ボウルに白玉粉を入れ、水を加えて指先でなじませ、上新粉を加えてなめらかになるまでよくこねる。

**2** かぼちゃだんごは、白玉粉とかぼちゃマッシュをなじませてから上新粉を加え、水25〜30mlを加えてかたさを調節する。よもぎだんごは、よもぎパウダーと水を混ぜてから、白玉粉、上新粉の順に加えてこねる。
＊すべて耳たぶくらいのかたさが目安

**3** それぞれ7等分して丸め、ラップではさんで手で直径6〜7cmにのばし、あんこをのせて包む。
＊ちぎれやすいので、やさしく丸めて

**4** 鍋にたっぷりの湯を沸かし、**3**を入れて3分ゆで、氷水にとって冷やし、水けをふく。竹串によもぎ、白、かぼちゃの順に刺す。

だんごの生地は、耳たぶくらいのかたさが目安。かたければ水を、やわらかければ上新粉を足す。

よもぎパウダーは、青森県産のよもぎを粉末状にしたもの。草だんごやよもぎパン作りに便利。（富）
➡入手先は112ページ

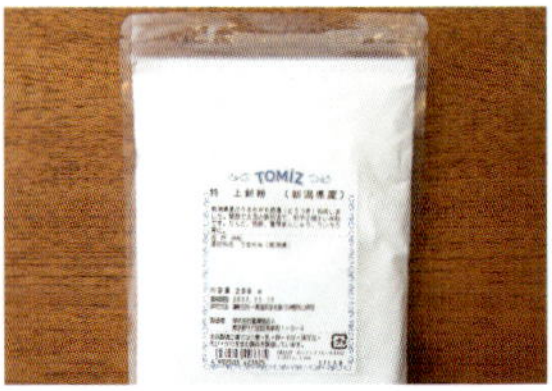

うるち米を粉末状にした上新粉。かしわもち、だんご、ういろうなどに使われる。「新潟県産 特 上新粉」（富）➡入手先は112ページ

白、黄色、緑、目にも楽しい三色のだんごは、
どれも中にちゃんとあんこ入り。
味の組み合わせも、それぞれ楽しめます。
おだんごは、白玉粉だけだと粘りけが強いので、
上新粉を混ぜることで、歯切れのよい食感に。
あんこの水分が多いと包みにくいので、
ベタつく時は、加熱して水分を飛ばして。

# 12 つぶつぶぜんざい

（きび／雑穀）

◎材料（各2人分）

【きびぜんざい】

もちきび……50g

水……125㎖（もちきびの2.5倍）

塩……ひとつまみ

A［こしあん……200g
　 水……大さじ2

【雑穀ぜんざい】

雑穀ミックス

（黒米やあわ、きび、麦など）……50g

水……125㎖（雑穀ミックスの2.5倍）

塩……ひとつまみ

B［ゆるあんこ……200g
　 水……100㎖

さつまいも……中¼本（50g）

**1** きびぜんざいを作る。もちきびは目の細かいざるでさっと洗い、小鍋に水、塩とともに入れて中火にかけ、沸騰したらごく弱火にしてふたをして12分炊き、10分蒸らしてほぐす。

**2** 小鍋に**A**を入れてごく弱火で温め、器に盛った**1**に添える。

**3** 雑穀ぜんざいを作る。雑穀ミックスは洗って小鍋に入れ、分量の水を加えて1時間おき、塩を加えてもちきびと同様に炊く。さつまいもは皮つきのままひと口大に切り、くずれない程度にやわらかくゆでる。

**4** **3**の雑穀の鍋に**B**を加えて混ぜ、さつまいもを加えて温め、器に盛る。

もちきびはイネ科の雑穀で、ミネラル、食物繊維を多く含む。ごはんに混ぜて炊いてもいい。（富）➡入手先は112ページ

雑穀ミックスは、もちあわ、アマランサスなどが入ったムソーの「発芽玄米入り十二雑穀」を使用。好みのものでOK。

もちきびは2.5倍の水、塩を加え、沸騰したらごく弱火で12分炊き、10分蒸らしてヘラでほぐす。

もっちりとしたもちきびをやわらかく炊き、なめらかなこしあんと合わせました。のどごしがよく、幅広い年代の方に楽しんでもらえるおいしさです。雑穀は、お米に混ぜて炊くミックスで手軽に作ります。黒米が入ると、色とプチプチした食感が新鮮で、いつもと違うぜんざいが楽しめます。

ゼラチンを入れた液を冷やしながら混ぜていくと、どんどんぷるんと濃度がついてきます。これをホイップしたクリームと合わせたら、きめ細かな食感に。この「ぷるん」が楽しみで作っています。

# 13 抹茶ババロア

◎材料（14×11㎝の流し缶1台分）＊
抹茶……大さじ1と1/2
きび砂糖……50g
牛乳……250㎖
生クリーム……100㎖
［粉ゼラチン……大さじ1
 水……大さじ2
【クリーム】
 生クリーム……50㎖
 きび砂糖……大さじ1/2
ゆるあんこ……適量
＊または密閉容器でもOK

◎下準備
・生地用の生クリームはボウルに入れ、底に氷水をあてながらとろみがつくまで泡立て、冷蔵室に入れておく。
・ゼラチンは水にふり入れ、ふやかしておく。

**1** ボウルに抹茶（ふるい入れる）、砂糖を入れてゴムベラで混ぜ、牛乳少々を加えてダマがなくなるまで混ぜる。残りの牛乳を少しずつ加えて溶きのばし、鍋にこし入れる。

**2** 中火にかけて耐熱のヘラで混ぜ、鍋肌がフツフツしてくる直前で火を止め、ふやかしたゼラチンを加えて溶かす。ボウルに移し、底に氷水をあてて混ぜ、もったりとろみがついたら生クリームを加え、泡立て器で混ぜる。型に流し、冷蔵室で1時間以上冷やし固める。
＊とろみの目安は、混ぜた時に底が見えるくらい

**3** 好みの大きさに切り分け、砂糖を加えてゆるめに泡立てた生クリーム、あんこを添える。

ほんのりバター風味の
口溶けのよい生地に、
甘納豆を加えました。
粉を加えたら
混ぜすぎないことと、
しっかり蒸気の出た
蒸し器で蒸すことで、
ふんわりとした食感に。

# 14 甘納豆の蒸しパン

◎材料（直径7㎝のプリン型各5個分）

【白生地】

A［薄力粉……120g
　ベーキングパウダー……小さじ1

きび砂糖……50g

バター（食塩不使用）……20g

卵……1個

牛乳（または豆乳）……大さじ4

太白ごま油……大さじ1と1/2

市販の甘納豆……80g

【抹茶生地】

「白生地」と同じ

Aの薄力粉を薄力粉110g＋抹茶大さじ1/2にし、市販の甘納豆のかわりにぬれ甘納豆（作り方は58ページ）80gを加える

◎下準備

・バターは湯せんにかけて溶かす。

・型に紙カップを敷く。

**1** 白生地を作る。ボウルに卵と砂糖を入れて泡立て器で混ぜ、牛乳、油、バターの順に加えてそのつどよく混ぜる。

**2** **A**を合わせてふるい入れ、泡立て器で混ぜ、粉っぽさがやや残るくらいで甘納豆を加え、ゴムベラで粉が見えなくなるまで混ぜる。

**3** 型に流し、蒸気の上がった蒸し器の中火で15分蒸す。まん中に竹串を刺して、どろっとした生地がつかなければ蒸し上がり。抹茶生地も同様に作る。

＊温かいうちに食べる。冷めたら、電子レンジか蒸し器で温め直して

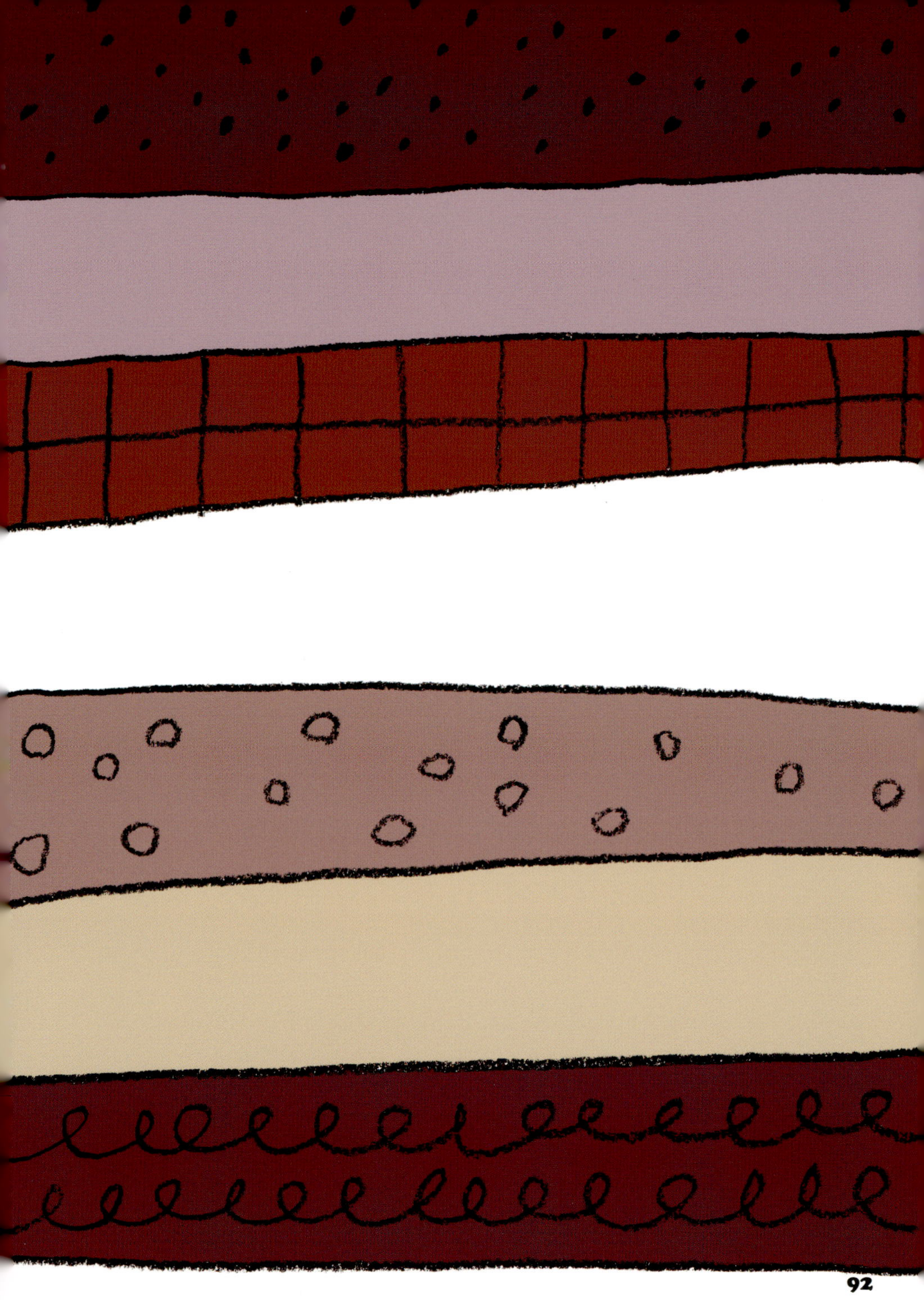

# 4章
# 季節あんこ

春は桜もち、秋は栗、寒くなったらおしるこを。
そんな、季節が感じられる
日本の和菓子が好きです。
お店で買うことが多い和菓子も、
実は家で簡単に作れるものが多いので、
作りたてのおいしさを
ぜひ味わってみてほしいなと思います。

1月

# おしるこ

(生麩《ふ》の温しるこ/白桃の冷やししるこ)

◎材料(各2人分)

【温しるこ】

A
- ゆるあんこ……200g
- きび砂糖……大さじ1
- 水……50mℓ

生麩(よもぎ)……小1本(130g)

薄力粉……少々

【冷やししるこ】

白桃缶(汁けをきる)……小1缶(固形量100g)

B
- 白あん……110g
- レモン汁……小さじ½
- 水……50mℓ

《白玉》(10個分)

白玉粉……30g

絹ごし豆腐……約⅛丁(40g)

生クリーム……小さじ2

◎下準備

・白桃はフードプロセッサーかミキサーにかけ、ピュレ状にする。

・白あんはざるでこし、100g分を用意する。

**1** 温しるこを作る。生麩は2cm幅に切り、薄力粉を全体に薄くまぶし、何もひかずに熱したフッ素樹脂加工のフライパンの弱火で、全体に薄く焼き色がつくまで焼く。

**2** 小鍋に**A**を入れて弱火で温め、器に盛って**1**をのせる。

**3** 冷やししるこを作る。ボウルに**B**を入れてゴムベラで溶きのばし、白桃を加えてなめらかに混ぜ、冷蔵室で冷やす。

**4** 白玉を作る。ボウルに白玉粉を入れ、豆腐を加えて指先で少しずつなじませてこね、耳たぶくらいのかたさになったら小さじ1ずつすくって丸める。熱湯でゆで、浮いてきたら10数えて冷水にとる。

**5** 器に**3**を盛って**4**をのせ、生クリームを回しかける。

生麩は、小麦粉グルテンにもち粉を加えて蒸したもの。プレーン、よもぎ、粟入りなどがあり、みそやあんことの相性もいい。

生麩は、フライパンで表裏、左右の4面を薄く焼き色がつくまで焼く。鉄のフライパンを使う場合は、太白ごま油を薄くひいて。

昔から冬の間に一度は買ってしまうのが、
自動販売機のしるこドリンク。
ちょっぴりの罪悪感を感じながら、
こっそり飲むのです。
家で作る時は、さらりと食べたいならこしあん。
ボリュームを出したい時は、つぶあんで。
夏なら、くだものを使ってさわやかに。
桃と白あんの相性のよさに驚きますよ。

# 桜もち（関西風）

関西はつぶつぶの道明寺粉、関東はクレープのような小麦粉の桜もちが一般的と聞きますが、新潟出身の私は、子どもの頃から道明寺の桜もちでした。春先にはいろんなお店で買ってみたり、自分でも作ります。
もちを色粉で染めることもできますが、家のおやつなので、このままでも十分。桜の葉の塩漬けは、塩が強い場合は、水に少しさらして使ってください。

↓作り方は98ページ

4月

# いちごあんみつ

いちごが旬の時期に、毎年一度は作るレシピ。
完熟したまっ赤ないちごをたっぷり使って、
まるでいちごをそのまま食べているような
甘酸っぱい寒天に、誰もが驚いてくれるのがうれしい。
あんこの甘さが甘酸っぱさを
やわらげて、アイスクリームが
ソースのようにからみます。
いちごのピュレをこす時は、
種のプチプチも楽しむならざるで、
よりなめらかな食感にしたい時は、
こし器を使ってくださいね。

↓作り方は99ページ

3月

# 桜もち

（関西風）

◎材料（6cm長さのもの4個分）

A
- 道明寺粉……80g
- きび砂糖……10g
- 塩……少々

ぬるま湯（人肌くらい）……120mℓ

こしあん……大さじ4（80g）

桜の葉の塩漬け……4枚

◎下準備

・あんこは大さじ1ずつラップに並べる。

**1** 耐熱ボウルにAを入れてゴムベラで混ぜ、ぬるま湯を加えて軽く混ぜ、ラップをかけて5分おく。電子レンジで3分加熱し、10分蒸らす。

**2** さわれるくらいになったら熱いうちにカードで4等分し、手に水をつけて丸め、8cm長さのだ円にのばす。まん中にあんこをのせて包み、桜の葉でくるむ。

道明寺粉は、もち米を蒸して乾燥させ、粗びきにしたもの。粒を1/5に割った5割中粒のものを使用。（富）➡入手先は112ページ

道明寺粉はぬるま湯を加え、電子レンジで3分加熱し、10分蒸らしてから使う。チンして蒸らしたあとは、もっちりともち米そのもの。

はみだしあんこ話 9

## あんこってやつは

どうせ炊くなら、いっぱい作りたい。あんこを煮る時、誰もがそう思うと思います。ですが、これが難しく、豆は水分を吸ってとてもふくらむので、このくらいの豆なら…が、とんでもない量に。鍋のふちギリギリで、あふれそうになるあんこ。結果、底からなんだか焦げたにおいが…。以来、ひとつの鍋で多く煮るのではなく、適量ずつ炊いています。

4月

# いちごあんみつ

◎材料（4人分）

【いちご寒天】

A［いちご……2パック（600g）
　きび砂糖……40g
　レモン汁……小さじ1

粉寒天……小さじ1

【白玉】（20個分）

白玉粉……60g

絹ごし豆腐……約1/4丁（80g）

【みつ】（作りやすい分量）

きび砂糖……50g

水……25mℓ

ゆるあんこ……大さじ6

市販のバニラアイス……1個

◎下準備

・いちごはヘタをとり、縦半分に切る。

**1** いちご寒天を作る。**A**はフードプロセッサーかミキサーにかけてピュレ状にし、ざるでこして400g分を用意する（足りなければ水を足す）。

**2** 小鍋に**1**、粉寒天を入れてゴムベラで混ぜ、中火にかけて耐熱のヘラで絶えず混ぜながら加熱し、アクが出たらとり、しっかり沸騰したら火を止める。バットに流して粗熱をとり、冷蔵室で1時間以上冷やし固める。

＊寒天は、沸騰させないと固まらないので注意

**3** 白玉を作る。ボウルに白玉粉を入れ、豆腐を加えて指先で少しずつなじませてこね、耳たぶくらいのかたさになったら小さじ1ずつすくって丸める。熱湯でゆで、浮いてきたら10数えて冷水にとる。

**4** みつを作る。小鍋に材料を入れて火にかけ、砂糖が溶けてひと煮立ちしたら火を止めて冷ます。

**5** 器に2cm角に切った寒天、**3**、あんこ、アイスをのせ、**4**を適量かける。

いちご寒天は、バット（16×13cm）や容器に流して冷やし固める。いちごは小粒で熟した色の赤いものを選ぶと、色がきれいに出る。

5月

# かしわもち

（みそあん）

◎材料（8㎝長さのもの6個分）

A［上新粉……100g
　片栗粉……小さじ2
　きび砂糖……大さじ1
水……200㎖

【みそあん】

B［白あん……130g
　白みそ……10g
粉山椒（好みで）……少々
市販のかしわの葉……6枚

**1** みそあんを作る。小鍋にBを入れて混ぜ、弱火にかけて耐熱のヘラで混ぜながら2〜3分煮詰めて120gにする。粉山椒を混ぜ、冷めたら大さじ1ずつラップに並べる。
＊白あんはやわらかいので、包みやすくするために煮詰める

**2** 耐熱ボウルにAを入れ、水を少しずつ加えてヘラでなめらかに混ぜる。ラップをかけずに電子レンジで3分加熱し、耐熱のヘラで手早く全体を混ぜ、さらに3分加熱する。

**3** **2**を水でぬらしたゴムベラで、均一になめらかになるまで練る。

**4** さわれるくらいに冷めたらカードで6等分し、手に水をつけて10㎝長さのだ円にのばす。**1**をのせて包み、かしわの葉でくるむ。

はみだしあんこ話 10

### 映画「あん」

台湾旅行でいろんなあんこ菓子を食べた帰り、飛行機の中で観たのが、河瀬直美監督の映画「あん」でした。あんこが苦手などら焼き屋の店主。店を手伝うことになるおばあさんが、あんこの炊き方を教えるのです。あずきに触れる手、においをかぐ表情、煮える音に耳をすませる。そんなふうに素材と向き合う姿を見たら、猛烈にあんこが炊きたくなりました。

和菓子屋さんに並ぶかしわもちは、
たいてい、つぶ、こし、みその3種類。
みそあんの和菓子を楽しめるのは、
花びらもちか、かしわもちくらいなので、
私はいつも迷わずみそを選びます。
手作りする時は、山椒を少し入れると、
ピリッと味が引きしまっておすすめです。

8月

# 水ようかん

（黒糖／抹茶）

◎材料（約100mlの容器各4個分）

【黒糖】

こしあん……200g

A
- 黒砂糖（粉末のもの）……20g
- 粉寒天……小さじ1/3
- 水……150ml

【抹茶】

白あん……220g

水……50ml

抹茶……小さじ2

B
- きび砂糖……20g
- 粉寒天……小さじ1/2
- 水……100ml

ゆるあんこ……大さじ4

◎下準備

・白あんはざるでこし、200g分を用意する。

**1** 黒糖味を作る。小鍋にAを入れてゴムベラで混ぜ、中火にかけて耐熱のヘラで絶えず混ぜながら加熱し、沸騰したら火を止める。こしあんを加えてなめらかに混ぜ、弱火にかけてしっかり沸騰したら火を止める。

**2** ボウルに移し、底に冷水をあててヘラで混ぜながら粗熱をとり、とろみがついたら容器に流し、冷蔵室で1時間以上冷やし固める。

**3** 抹茶味を作る。ボウルに白あん、水を入れてゴムベラでなめらかに混ぜ、抹茶をふるい入れてよく混ぜる（抹茶あん）。

**4** 小鍋にBを入れてゴムベラで混ぜ、黒糖味と同様に作る（こしあんのかわりに抹茶あんを加える）。とろみがついたら、ゆるあんこを入れた容器に流し、冷やし固める。

水ようかん液ができたら、底に冷水をあててゴムベラで混ぜながら少しとろみをつける。

夏だけでなく、
年じゅう食べたい水ようかん。
子どもの頃、お中元に
缶入りの水ようかんの詰め合わせが届くと、
今日はどの味にしようかなと
わくわくしたものでした。
黒糖は、北陸地方で冬に食べられる
黒糖風味の水ようかんをイメージしました。
抹茶は、ゆるあんこをソースのようにして
めし上がってください。

# 9月

# おはぎ

（つぶあん／ずんだあん／きなこ）

◎材料（6㎝長さのもの各6〜8個分）

【もち／共通】（1合分）

A
- もち米 …… ½合
- うるち米 …… ½合

水 …… 1合（180㎖）

【つぶあん】

もち …… 1合分

かたあんこ …… 400g

【ずんだあん】

もち …… 1合分

B
- 枝豆（さやつき）…… 600g
- きび砂糖 …… 70g
- 塩 …… ひとつまみ

【きなこ】

もち …… 1合分

こしあん …… 180g

C
- きなこ …… 30g
- きび砂糖 …… 大さじ1
- 塩 …… ひとつまみ

◎下準備

・枝豆はやわらかめにゆでてさやから出し、薄皮を除いて300g分を用意する。

・かたあんこは8等分、こしあんは6等分してラップに並べる。

**1** もちを作る。**A**は合わせて洗い、水を加えて2時間おき、炊飯器の白米モードで炊く。ボウルに入れてしゃもじでほぐし、表面にラップをぴったりはりつけて粗熱をとる。

**2** **1**を水でぬらしためん棒で米の粒が半分残るくらいまでつき、冷めたら手に水をつけてカードで8等分（きなこは6等分）し、軽く丸める。

**3** つぶあんはあんこを手で直径8㎝にのばし、もちをのせて包み、たわら形に整える。

**4** ずんだあんは**B**をフードプロセッサーにかけてペースト状にし、小鍋に入れて中火にかけ、耐熱のヘラで混ぜながらフツフツしてから1分煮詰めて冷ます。つぶあんと同様にもちをのせて包む。

**5** きなこはもちを指先で丸くのばし、あんこを包んでたわら形に整え、混ぜた**C**をまぶす。

米が炊けたら、ラップをはりつけて粗熱がとれるまで蒸らし、水でぬらしためん棒（またはすりこ木）で、米の粒が半分残るまでつく。

枝豆はやわらかめにゆでで、薄皮も除き、砂糖、塩とともにフードプロセッサーにかけてペースト状にする。すり鉢ですってもいい。

＊ずんだあんはやわらかいので、冷蔵室で2時間冷やすと扱いやすい

あんこを炊くのは何を作るため?
そのまま食べる以外なら、
私は、おはぎを作るために炊くことが
いちばん多いです。
子どもの頃はお彼岸に、
祖母が作るおはぎをお手伝いして、
大きくなってからは母を手伝い、
そして、今は自分で。
母はつぶあんが苦手だったので、
家のおはぎはこしあんだけでしたが、
私はつぶあんも好きです。

10月

# 栗蒸しようかん

◎材料（14×11cmの流し缶1台分）＊

A
こしあん……300g
きび砂糖……10g
水……大さじ4

B
薄力粉……15g
片栗粉……小さじ2

市販の栗の甘露煮……200g

＊近い大きさのバットや容器でもOK

◎下準備

・栗は4等分に切り、キッチンペーパーで汁けをふく。
・型にオーブンシートを敷く。

**1** ボウルに**A**を入れてゴムベラでなめらかに混ぜ、**B**を合わせてふるい入れ、粉っぽさがなくなるまで混ぜる。栗を加え、さっと混ぜる。

**2** 型に流して平らにならし、蒸気の上がった蒸し器の強火で45分蒸す。
＊蒸したては上に水がたまっていてやわらかいけれど、冷めると吸水して固まる

**3** 型に入れたまま冷まし、粗熱がとれたら型から出し（紙はつけたまま）、冷めたらラップでふんわり包み、涼しい場所に半日以上おく（ちょうどよいかたさになる）。
＊かたくなるので、冷蔵室には入れないで

オーブンシートを敷いた型に生地を流し、ゴムベラで表面を平らにならす。型を低い位置から1〜2回落とし、中の空気を抜くといい。

母が上京した時、
うちの近所にある和菓子屋さんの
栗蒸しようかんが気に入って、
以来、秋になると送っています。
私はむっちり弾力が強いものより、
口溶けのよいタイプが好み。
蒸したては少し水っぽいのですが、
冷める過程で落ち着くので、
半日はおいてから
食べてみてください。

# 私の好きな定番あんこ

いろんなお店で食べてきた、
大福やおはぎなどの定番あんこ。
今、お気に入りのお店を紹介します。

新潟

さわ山　名代 大ふく

新潟駅から少し離れた場所にあるため、観光客向けというよりは、地元の人たちが愛するお店。いつもお客さんでにぎわっています。新潟ですから、もちのおいしさは当然ですが、薄いもちにぎっしりあんこが詰まっていて、でも全く重たくなく、するりと食べてしまいます。

●1個 135円(税込)
☎025-223-1023　8:00〜18:00　火曜休み
*商品がなくなり次第閉店
https://www.sawayama-dango.com

愛知

大口屋　餡《あん》麩《ぷ》三喜羅《さんきら》

まるで魔法の呪文のような、不思議な名前の麩《ふ》まんじゅう。三喜羅《さんきら》は、山帰来《さんきらい》(別名サルトリイバラ)のこと。生麩はクセがないので、包むもので風味をつけるというのがいいなあと思います。中のこしあんはあっさり、麩はふんわり軽く、1個でやめられた試しがありません。

●10個入り 1728円(税込)
☎0120-00-9781　9:00〜17:00　1月1日休み
http://www.ooguchiya.co.jp
*ネットショップでも購入可

東京

福島屋　五の神おはぎ

福島屋さんは、日々の買い出しに通っているスーパー。上質なものが、普通の顔で並んでいるところが好きです。おはぎは、実家で食べていたような大ぶりサイズ。あんこは塩がしっかりきいていて、それがうまみになっています。

●2個入り 350円(税込)
*羽村本店、立川店の場合。店舗により異なります
☎042-554-0137　10:00〜21:00　1月1・2日休み
http://www.fukushimaya.net/
*営業時間と販売日は店舗により異なります

# 私の好きな洋風あんこ

あんこと洋風の食材の組み合わせが好きなので、見かけると試してみたくなります。中でも大好きなお菓子たちです。

## TORAYA CAFÉ あずきとカカオのガトー レギュラー

あんこと洋素材の組み合わせは新鮮で、でも華やかなケーキというよりは、おやつのような懐かしさもあって。パッケージもかわいらしく、贈る楽しみもあります。食感が軽やかなので、朝、コーヒーと一緒にいただくことも。

●2376円（税込）
☎03-6450-6720（トラヤあんスタンド北青山店）
11:00〜19:00　火・水曜・年末年始休み
www.toraya-group.co.jp/anstand/
＊TORAYA CAFÉ はトラヤあんスタンドにリニューアル。現在は販売を終了しています

## 紀ノ国屋　月餅（くるみ入り）

私にとってのパワーおやつ。少しずつナイフで切り分けて、おやつにするのが楽しみなんです。皮もあんこも、本当にしっとり。買い出しの最後に、ついかごに入れてしまいます。

●680円（税込）
☎03-3409-1231　9:30〜21:30　無休
http://www.e-kinokuniya.com/
＊紀ノ国屋インターナショナル（青山店）、国立店、等々力店、吉祥寺店、鎌倉店、紀ノ国屋アントレ ルミネ ザ・キッチン品川店、デイリーテーブル アトレ吉祥寺店、デイリーテーブル西荻窪駅店のみでの販売。＊店舗により数に限りがあります

## 六花亭　チョコマロン

六花亭のお菓子は、味はもちろん、パッケージやネーミングも親しみやすくて、あげるのももらうのもうれしい。チョコマロンは栗のペーストに白あんを加え、ビスケットではさみ、チョコでコーティング。ほんのり香るラム酒が最高にぴったりです。冷蔵庫で冷やすのがおすすめ。

●6個入り 880円（税込）
☏0120-12-6666　9:00〜19:00　無休
http://www.rokkatei.co.jp/
＊ネットショップでも購入可

# 私の憧れあんこ

いつか、いつか…と
夢見ていた、
あんこ菓子たちを
集めました。
その迫力に圧倒されたり、
美しさに感動したり、
会えてよかった
あんこのお菓子です。

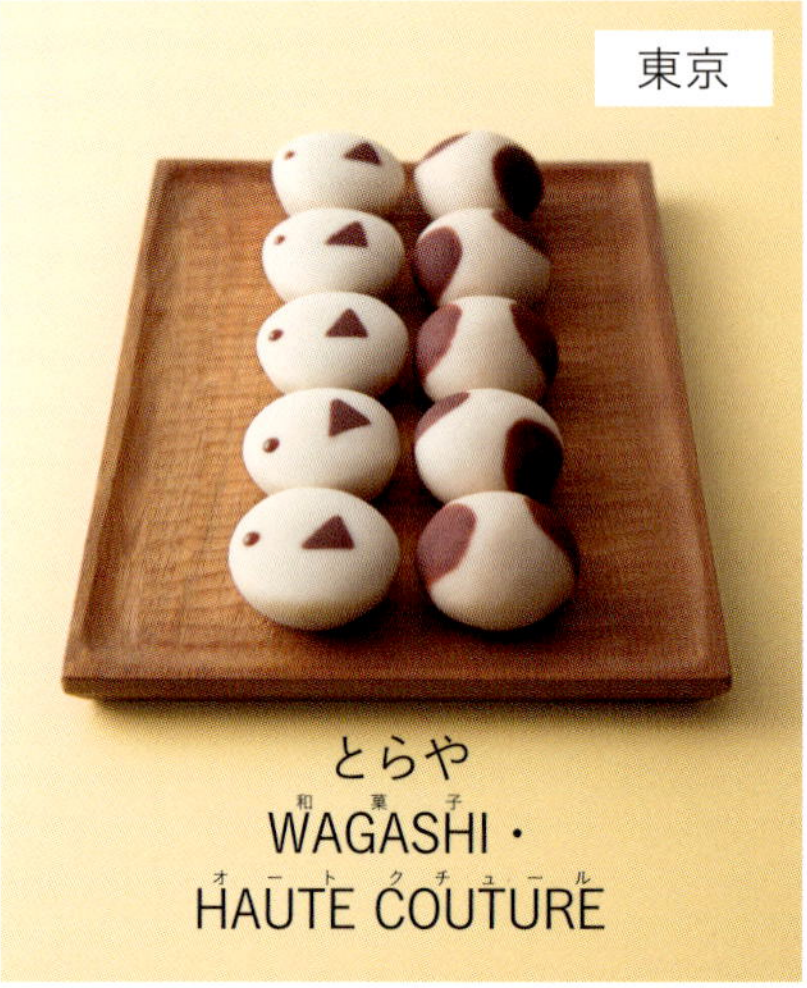


とらやさんでは、完全オーダーメイドの和菓子を作ってもらうことができます。お祝いの日の贈りものにされる方が多いそうですが、職人さんと打ち合わせを重ねて、世界で1つの和菓子を作っていただくなんて、なんともぜいたくな体験でした。今回、私がお願いしたお題は「犬」。長く犬を飼っていることと、あとは来年の干支にちなんでお願いしました。ただリアルに再現するのではなく、職人さんのイメージを大切にしてほしい、味も重視してほしいという私のワガママを、叶えてくださいました。完成した作品は、唯一無二の愛らしさ。作りたての上生菓子のおいしさも、しっかり堪能しました。

●10個 7560円(税込) ＊内容により異なります
東京都港区赤坂4-9-22(赤坂店)
☎03-3408-2331　9:00～18:00(平日)
9:30～18:00(土・日・祝日)　毎月6日休み(12月以外)
営業時間は変更となる場合があります
www.toraya-group.co.jp
＊お菓子の納品までに1～2か月以上必要です

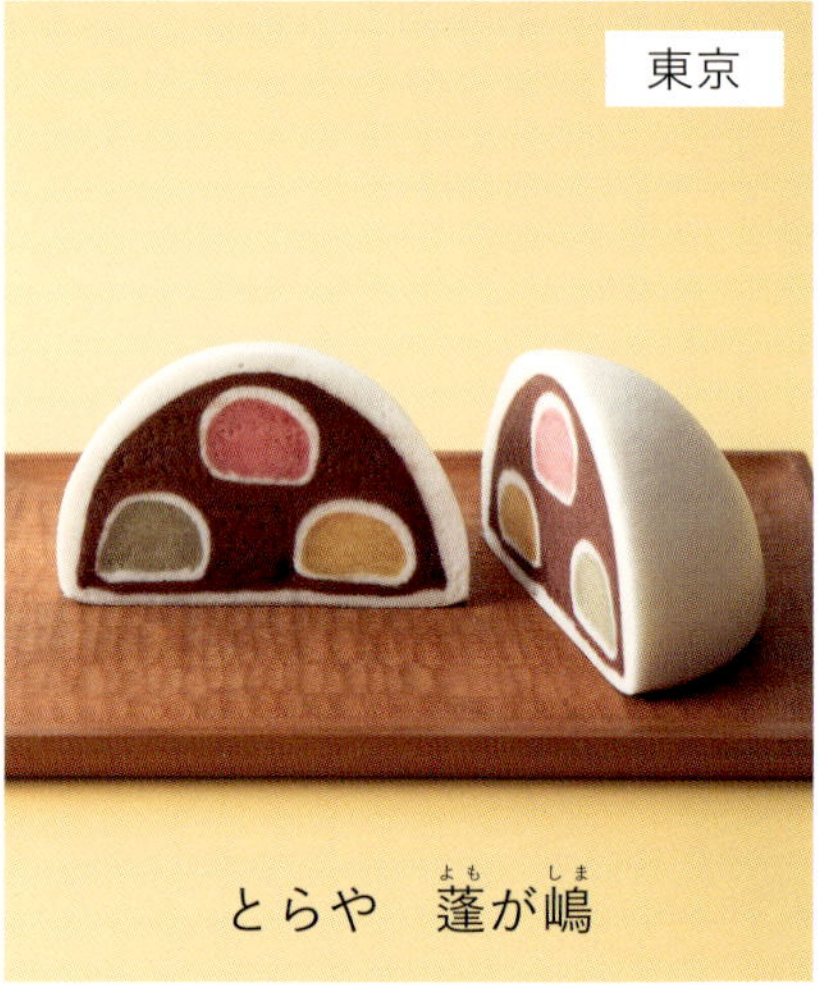


憧れあんこ歴・No.1のお菓子です。初めて雑誌で見た時、この不思議な食べものは何だろう？と、本当にびっくりしました。昔話に出てきそうなインパクトのあるかわいらしいビジュアルに、いつか本物を見たい、食べてみたいと夢見ていました。大きなおまんじゅうの中には、子まんじゅうがたくさん。その姿から「子持ちまんじゅう」ともいわれています。美しい断面は、ずっと見ていたいほど。サイズもいろいろあるので、次はぜひ贈りものにしたいです。

●化粧箱入り2号(直径12cm) 7852円(税込)
東京都港区赤坂4-9-22(赤坂店)
☎03-3408-2331　9:00～18:00(平日)
9:30～18:00(土・日・祝日)　毎月6日休み(12月以外)
営業時間は変更となる場合があります
www.toraya-group.co.jp
＊6日前までの予約が必要です

・商品の取り扱い先、価格などの情報は、2017年11月10日現在のものです。お店や商品の状況によって、同じものが入手できない場合もあります。あらかじめご了承ください。

## 丸屋本店　めで鯛祝菓《しゅくか》1段

子どもの頃、結婚式に家族が出席すると、お土産に持って帰る引き菓子に決まって入っているのが、この鯛の形の生菓子でした。おめでたいモチーフとして、鶴の時もありましたが、なにしろ鯛は箱から飛び出さんばかりの大きさで、インパクトがあり、子どもながらに「これを本当に食べきれるのか？」と思っていました。ただ、あんこ家族のわが家なので、そんな心配は無用で、みんなめいめい自分の食べたい分だけ切り分けて、ぱくぱく食べるのでした。丸屋本店では、えだまめ餅やシュークリームも大好きなのですが、いつかお祝い事には、この鯛をお願いしたいと思っています。

●18.5cm長さ 2160円（税込）
新潟県新潟市中央区東堀通6番町1038
☎025-229-3335　9:30～20:00　無休
http://www.maruyahonten.com/

## 赤福　朔日餅《ついたちもち》（10月／栗餅）

知り合いのスタイリストさんが伊勢近くの出身で、赤福では毎月1日に月がわりで発売される和菓子があると聞きました。この日をめがけて夜中からたくさんの人が並ぶと聞き、いつかタイミングが合えば…と思っていましたが、想いは募り、やっぱり自分で確かめに行きたい！と新幹線に乗りました。10月の朔日餅は栗です。1年のラインナップを通して、いちばん食べてみたかった朔日餅でした。栗餅は、外はもち米、中には栗あんとごろっと栗が入っていて、栗のおはぎのよう。小ぶりですが、食べごたえ十分！長生きできそうな、ありがたいお味でした。

●6個入り 930円（税込）
三重県伊勢市宇治中之切町26
0120-081-381　8:00～17:00　無休
http://www.akafuku.co.jp/
＊月替わりで、毎月1日にのみ販売するお菓子です（1月を除く）
＊伊勢での購入のほか、愛知、大阪、兵庫の百貨店でも予約販売しています（前月1日より予約開始、百貨店内の赤福直営店店頭にて）

1972年新潟県生まれ。レコード会社、出版社勤務を経て、ベトナム料理店、オーガニックレストランでの経験を重ねたのち、料理家に。2006年「foodmood（フードムード）」の名で、体にやさしい素材を使って作るお菓子の工房をスタート。著書に『まいにち食べたい"ごはんのような"シフォンケーキの本』『まいにち食べたい"ごはんのような"クッキーとビスケットの本』『まいにち食べたい"ごはんのような"ケーキとマフィンの本』『まいにち食べたい"ごはんのような"クッキーとクラッカーの本』（すべて小社刊）、『みんなのおやつ ちいさなレシピを33』（ほぼ日刊）、『おやつですよ』（文藝春秋刊）など。
http://foodmood.jp/

ブックデザイン／渡部浩美
撮影／有賀 傑
スタイリング／伊東朋惠
イラスト／落合 恵
描き文字・イラスト（1−2ページ）／中島基文
調理アシスタント／柴野絵美
取材／千羽ひとみ、中山み登り
校閲／滄流社
編集／足立昭子
撮影協力／バーミキュラ（愛知ドビー株式会社）
☎052-353-5333
月〜金曜 9:00〜12:00、13:00〜17:00
http://www.vermicular.jp/

◎（富）➡富澤商店
tomiz.com

＊商品の取り扱い先は、2017年11月10日現在のものです。お店や商品の状況によって、同じものが入手できない場合もあります。あらかじめご了承ください。

# たのしいあんこの本

著　者／なかしましほ
編集人／足立昭子
発行人／倉次辰男
発行所／株式会社 主婦と生活社
〒104-8357 東京都中央区京橋3-5-7
☎03-3563-5321（編集部）
☎03-3563-5121（販売部）
☎03-3563-5125（生産部）
https://www.shufu.co.jp
印刷所／凸版印刷株式会社
製本所／株式会社若林製本工場
ISBN978-4-391-14731-5